ASSIM NASCE um LÍDER

GUIA PRÁTICO DE PESSOAS REALMENTE INFLUENTES

Jo Owen

ASSIM NASCE um LÍDER

GUIA PRÁTICO DE PESSOAS REALMENTE INFLUENTES

Tradução
Carlos Szlak

Lafonte

Título original: *How to Influence*
Copyright © Jo Owen, 2010
Copyright © Editora Lafonte, 2011

Todos os direitos reservados.
Nenhuma parte deste livro pode ser reproduzida sob quaisquer meios existentes sem autorização por escrito dos editores.

Edição Brasileira

Direção Editorial *Sandro Aloísio*
Edição de Arte *Ana Dobón*
Diagramação *Linea Editora Ltda.*
Capa *Eduardo Nojiri*
Imagem *Shutterstock.com*
Produção Gráfica *Diogo Santos*

Dados Internacionais de Catalogação na Publicação (CIP)
(Câmara Brasileira do Livro, SP, Brasil)

Owen, Jo
  Assim nasce um líder : guia prático de pessoas realmente influentes / Jo Owen ; tradução Carlos Szlak. -- São Paulo : Lafonte, 2017.

  Título original: How to influence and persuade.
  ISBN: 978-85-8186-232-3

  1. Comunicação na administração 2. Influência (Psicologia) 3. Psicologia industrial I. Szlak, Carlos. II. Título.

17-04937   CDD-658.45

Índices para catálogo sistemático:

1. Comunicação organizacional : Administração de empresas   658.45

2ª edição brasileira: 2017
Direitos de edição em língua portuguesa, para o Brasil, adquiridos por Editora Lafonte Ltda.

Av. Profa. Ida Kolb, 551 – 3º andar – São Paulo – SP – CEP 02518-000
Tel.: 55 11 3855-2286
atendimento@editoralafonte.com.br • www.editoralafonte.com.br

Sumário

INTRODUÇÃO
A arte da influência 9
Da época da deferência para a época da influência 9
A mão invisível da influência 11
Influência *versus* persuasão 13
A jornada para a influência 14

PARTE I
A arte da influência: adquirindo influência e autoridade 17

   1 Construindo sua plataforma 19
      Pessoas influentes: pedir emprestadas credibilidade e influência 21
      Lugares influentes: vá onde está o poder 25
      Direito à fama: construa sua plataforma pessoal 29
      Controle da agenda: elabore um plano 33
      Resumo 37

   2 Criando uma rede 38
      Tecendo a rede de influência certa 40
      Resumo 50

3 **Construindo o compromisso incremental** 51
    O gancho 52
    Tornar o compromisso uma via de mão dupla 60
    Criando uma tribo: pertencimento, significado e
        reconhecimento 63
    Obter o compromisso cedendo o controle 70
    Compromisso público, desafio privado 73
    Resumo 79

PARTE II
Segredos da influência: a representação e a aparência de um papel 81

4 **Representar um papel** 83
    Representar um papel 84
    Ambição: a arte da gestão irracional 90
    Aparentar um papel 92
    Primeiras impressões 95
    Resumo 98

5 **O ouvinte ativo** 100
    Perguntas abertas e propositadas 102
    Reforço: o princípio do cafezinho 105
    Paráfrase 106
    Contradição 107
    Revelação 109
    Resumo 110

6 **Dar para receber** 112
    Generosidade personalizada em vez de genérica 114
    Generosidade merecida em vez de imerecida 117
    Generosidade moderada em vez de ilimitada 118
    Generosidade solicitada em vez de imposta 120
    Resumo 121

PARTE III
Teça sua rede: construindo o compromisso e a lealdade 123

7 O princípio da parceria: torne-se o parceiro confiável 125
   Trate as pessoas como seres humanos e não como funções 126
   Atue como parceiro e pareça um parceiro 127
   Seja confiável 130
   Seja generoso 132
   Aproveite ao máximo os momentos decisivos 134
   Resumo 135

8 Construindo a confiança 136
   Alinhamento de valores 139
   Credibilidade 142
   Risco 144
   Distância 147
   Resumo 152

9 Tocando a música certa 154
   Escreva o roteiro certo 154
   Entender o estilo dos colegas e adaptar-se a ele 165
   Resumo 173

PARTE IV
Aproveite ao máximo os momentos decisivos 175

10 Escolha suas batalhas 177
   Negociando orçamentos: a arte do orçamento inteligente 178
   Transformando crises em oportunidades 180
   Administração de conflitos: guerras frias 183
   Administração de conflitos: guerras quentes 186
   Tarefas e projetos 189
   Dando uma arrancada rápida 193
   Resumo: estilo e substância 197

11 Ganho mútuo 199
   Foco nos interesses e não nas posições 202
   Ofereça opções 204
   Faça uma concessão simbólica 205
   Elabore uma história 207
   Parceria público-privada 208
   Resumo 209

12 Conversas persuasivas 211
   Preparação 215
   Alinhamento 216
   Concordância com o problema/a oportunidade 218
   Análise de benefícios e resultados 219
   Esquematização da solução 220
   Prevenção e solução de problemas importantes 221
   Encerramento e acompanhamento 223
   Resumo 224

13 Conclusões: a mentalidade e os mitos da influência 226
   A mentalidade da influência 227
   Aprendendo a arte da influência 232
   Influência: um único pecado e quatro mitos 234

INTRODUÇÃO
A arte da influência

Da época da deferência para a época da influência

Há trinta anos, uma revolução começou com um par de meias de cor cinza. Os altos executivos da Procter & Gamble caminharam sobre o palco, em uma cerimônia da empresa, e sentaram-se. Houve um silêncio significativo quando a plateia notou que um dos executivos se diferenciava dos demais: usava meias de cor cinza-escura em vez de meias pretas. Suspeitaram de que ele não só estava sendo revolucionário, como também nada patriótico.

Trinta anos depois, os altos executivos da Skype reuniram-se para uma conferência na Estônia. Todos, inclusive o CEO, usavam o mesmo uniforme: jeans e camiseta. Bem, quase todos. Eu era o palestrante e senti que vestia um traje muito inadequado: camisa e calça esporte. De maneira interessante, as pessoas da plateia usavam meias diferentes e coloridas, sem a irrupção de uma revolução. Algumas até usavam trajes justos, não por causa de um fetiche de *cross-dressing*, mas porque eram mulheres. Ser um homem branco, de meia-idade, não é mais uma precondição para o sucesso.

Em uma geração, os códigos de vestuário mudaram totalmente, assim como as regras de sobrevivência e sucesso. No antigo regime havia uma hierarquia clara e os ornamentos do poder eram muito visíveis. Tratava-se de um sistema de castas, em que as pessoas da casta superior tinham espaços reservados no estacionamento, refeitórios e elevadores exclusivos, os maiores escritórios e mesas, as flores mais frescas e os carpetes mais espessos — um arranjo muito aceitável para as pessoas do alto escalão.

O mundo da hierarquia também era um mundo de comando e controle. Os trabalhadores trabalhavam e os chefes chefiavam; os trabalhadores tinham as mãos e os chefes tinham os cérebros. Os trabalhadores deviam cumprir ordens. Na melhor das hipóteses, era um mundo paternalista, em que as empresas e os governos zelavam por trabalhadores e eleitores. Na pior, era a fórmula para greves, agitações e conflitos entre os ricos e os pobres.

O velho mundo está morrendo. As meias pretas não são obrigatórias e o respeito pela hierarquia evapora. A confiança da sociedade em políticos, líderes empresariais, jornalistas, sindicalistas e advogados é a menor de todos os tempos, segundo pesquisas de opinião dos Estados Unidos e do Reino Unido. As pretensas elites ainda podem acreditar em si mesmas, mas ninguém mais acredita. Somos mais propensos a confiar numa banda ou numa marca do que nos homens de terno.

Dentro das organizações, o comando e o controle do tipo antigo sucumbem. O mundo da obediência vai sendo substituído pelo mundo do compromisso: não podemos ordenar que as pessoas se comprometam. O compromisso tem de ser construído ao longo do tempo. Além disso, o compromisso, ao contrário do controle, é uma via de mão dupla.

O velho mundo do comando e do controle capacitava e aprisionava as pessoas. O poder e o cargo costumavam marchar de mãos dadas. O sucesso significava escalar lentamente a hierarquia da carreira. O poder crescia com o cargo, mas era limitado por ele. Tratava-se de uma fórmula aceitável para as pessoas pacientes, que ficavam felizes por galgar a hierarquia ao longo de trinta

> Comando e controle capacitavam e aprisionavam as pessoas

anos antes de alcançar um cargo de poder, prestígio e influência. Essa é uma fórmula muito desestimulante para alguém que ingressa hoje no mercado de trabalho. Trinta anos atrás, no início da revolução das meias cinza, Freddie Mercury, da banda Queen, cantava: "Quero tudo e quero agora". Foi um rock revolucionário. Atualmente, a diferença é que as pessoas querem mais e querem mais rápido.

Do mesmo modo que as pessoas desejam fugir das limitações do comando e do controle, as organizações também precisam de pessoas que podem ir além do comando e do controle. Em geral, as estruturas de comando e controle eram feudos. Hoje, as organizações são mais horizontais e mais fragmentadas. É fácil nos escondermos nessas organizações complexas, e é difícil brilhar nelas. É ainda mais difícil fazer as coisas acontecer. Nas organizações horizontais não podemos mandar muito nas pessoas, pois não podemos controlá-las: elas trabalham em diversas funções ou até em empresas diferentes. Em vez de usarmos a autoridade, precisamos utilizar a influência: criando coalizões, forjando seguidores dispostos, escolhendo a agenda correta, fomentando redes de confiança e apoio. Isso não é apenas um conjunto diferente de habilidades de comando e controle, é uma mentalidade diferente.

A época da influência abre grandes oportunidades. Elimina nossa dependência da hierarquia. Ao construirmos nossas próprias redes e plataformas para o sucesso, podemos fazer as coisas acontecer, satisfazer nossos sonhos e alcançar nossas ambições. Podemos controlar nosso próprio destino. Para isso, temos de aprender uma nova arte: a arte da influência.

A mão invisível da influência

Se os ornamentos do poder são visíveis, as habilidades da influência são invisíveis. Podemos notar que algumas pessoas possuem influência. É muito menos claro o modo pelo qual elas a conquistaram e a utilizam. Os sinais das pessoas influentes são simples de perceber: todas têm uma rede de aliados motivados, parecem estar no lugar certo na hora certa, transformam crises em conflitos e oposição em apoio. A falta de controle não leva à falta de progresso. A rede as capacita a ter muito mais sucesso do que o heroi solitário tentando fazer tudo sozinho.

A princípio, a influência parece ser uma dessas qualidades misteriosas como carisma ou inspiração: nós temos ou não temos. Felizmente, esse não é o caso. Os influenciadores eficazes exibem algumas habilidades e comportamentos consistentes, que qualquer um pode aprender. Por trás desses comportamentos está uma mentalidade, e essa é a chave invisível para a influência. Não podemos enxergar o que as pessoas pensam. No entanto, se entendermos como elas pensam, então podemos começar a utilizar o mesmo modo de pensar e alcançar os mesmos resultados. O modo de pensar do influenciador difere do pensamento normal de diversas maneiras, pois ele:

- prefere a confiança em vez da amizade e aliados em vez de amigos;
- enxerga o mundo através dos olhos dos outros, não apenas dos seus próprios olhos;
- oferece generosidade calculada: nem egoísmo nem abnegação completa;
- possui ambição, mas não apenas para si;
- começa pelo fim e se concentra nos resultados: nada de primeiro as primeiras coisas;
- pode ser implacável e irracional, mas não injusto.

Este livro descreve mais de sessenta habilidades, princípios e comportamentos que as pessoas influentes utilizam de modo consistente. Cada habilidade é baseada na prática observada. Não é uma teoria da influência: é prática, como acontece no mundo real. Como o livro é baseado na prática, cada habilidade é respaldada por exemplos, histórias ou casos reais. O livro não é um curso. Não procura fornecer fórmulas detalhadas para implementar cada habilidade. Em vez disso, descreve os princípios centrais seguidos pelos influenciadores. Na verdade, cada influenciador apresenta seu próprio estilo. Alguns enfocam certas habilidades mais do que outras e as utilizam de diversos modos. Munidos com os princípios da influência, podemos decidir que habilidades desenvolver e como implementá-las. Não precisamos nos tornar outra pessoa para ser influenciadores efetivos. Basta desenvolver o melhor que temos e somos.

Influência *versus* persuasão

Influência não é persuasão. Os influenciadores correm riscos maiores do que os persuasores. A persuasão é a arte de convencer alguém a comprar ou a fazer alguma coisa. Há muitos truques e táticas para alcançar um sucesso isolado. No entanto, esse sucesso não é só efêmero: ele pode destruir a influência de prazo mais longo. Se fui persuadido a fazer algo uma vez, contra meu bom senso, então serei duas vezes mais cauteloso e resistente da próxima vez que o persuasor vier com outra ideia. A persuasão bem-sucedida pode funcionar uma vez e impedir outro sucesso.

Os influenciadores não desejam o sucesso isolado. Eles querem desenvolver um compromisso duradouro. Isso significa pensar e agir de modo muito diferente dos persuasores. Os persuasores começam e terminam com suas próprias necessidades. Querem vender seu produto ou implantar sua ideia na cabeça da outra pessoa. A comunicação tende a ser unidirecional: o persuasor tira o máximo de proveito da conversa, louvando as virtudes do produto ou da ideia que quer promover.

Os influenciadores também têm objetivos a alcançar, mas pensam de maneira diferente a respeito de como chegar lá. Enxergam o mundo através dos olhos das outras pessoas e adaptam suas mensagens e seus comportamentos de maneira adequada. O resultado ideal não é simplesmente persuadir alguém e sim construir uma aliança de confiança e respeito mútuos. Alcançar isso envolve um grande investimento de tempo, esforço e habilidade. No entanto, é um investimento que rende muitos dividendos durante um longo período.

A jornada para a influência

> As coisas de que precisamos saber para obter êxito não são ensinadas

As coisas de que realmente precisamos saber e aprender para obter êxito não são ensinadas. Temos de obtê-las a partir da experiência. No entanto, a marcha aleatória da experiência pode ser muito penosa: está repleta de becos sem saída, armadilhas explosivas, precipícios e pântanos intermináveis. Este livro estrutura a marcha aleatória. Ele se baseia em trinta anos de pesquisa, observação e trabalho com quase cem das melhores organizações do mundo e com uma ou duas das piores. Essas organizações cobrem todos os principais segmentos empresariais, além dos setores público e voluntário de Ásia, Europa e América do Norte. A boa notícia é que a influência é uma habilidade universal, com padrões comportamentais consistentes, que qualquer um pode aprender. Podemos extrair parte da aleatoriedade da nossa caminhada aleatória da experiência; isso significa aprender e progredir mais rápido.

> A caminhada aleatória da experiência pode ser muito penosa

Inevitavelmente, a influência e o poder podem servir tanto para o bom quanto para o mau uso. Espero que a influência seja utilizada como uma força do bem, mas este livro não procura ser moral ou imoral. Seu único propósito é mostrar como podemos adquirir poder e influência e usá-los de acordo com nosso critério e nossa consciência.

Este livro não revela apenas como construir a influência. Também nos ajuda a resistir a tentativas inoportunas de influência ou manipulação. Quando aprendermos os padrões e os princípios da influência, estaremos mais capacitados para reconhecê-los e resistir a eles. Em geral, as melhores técnicas da influência são invisíveis: isso é o que as torna tão eficazes e perigosas. A menos que saibamos o que procuramos, nem mesmo percebemos que estamos sendo influenciados. Logo que reconhecemos o padrão, podemos tomar a decisão de resistir ou de cooperar. Ao menos teremos uma opção, o que muitos dos nossos colegas nem mesmo perceberão que têm.

Ao embarcarmos na jornada da influência, faremos uma descoberta agradável: a influência é autorreforçadora. Quanto mais influentes nos tornamos, mas fácil é adquirir ainda mais influência. À medida que ela aumentar, mais pessoas irão querer trabalhar conosco. A influência nos capacita a realizar mais, a definir coisas, a fechar negócios e a fazer as coisas acontecer. Todos vão querer algo do nosso encanto e se sentirão mais do que felizes de retribuir do modo que puderem. O desafio é sair da posição de pessoa à margem da rede para a de protagonista. A vida à margem da rede é solitária, frustrante e árdua. Este livro mostra como você pode sair da posição de pessoa não influenciadora para o centro da influência.

> A influência é autorreforçadora

Com mais de sessenta habilidades e princípios para aprender, ninguém pode esperar começar na primeira página e acabar na última como um influenciador completo. Em vez disso, utilize este livro como um guia de referência. Concentre-se em uma habilidade de cada vez. Experimente e pratique. Encontre seu próprio estilo de aplicar essas habilidades. O ato de influenciar não diz respeito a trabalhar com base em algum roteiro mecânico. Trata-se de usar diversas habilidades para construir apoio voluntário e duradouro das pessoas que foram influenciadas. Aplique as habilidades de maneira natural.

Os melhores influenciadores deixam invisíveis suas habilidades. Ninguém percebe que está sendo persuadido ou influenciado. As pessoas simplesmente acham muito fácil apoiar o influenciador e trabalhar com ele, sem ter certeza do porquê acham isso tão fácil. Se você for capaz de deixar a mão invisível da influência trabalhar por você, terá dominado de fato a arte. Com este livro as habilidades invisíveis se tornarão visíveis para você.

PARTE I

A arte da influência: adquirindo influência e autoridade

CAPÍTULO 1

Construindo sua plataforma

Eu era o senhor Zest e na baia ao lado ficava o senhor Fairy. Eu era responsável pelo Zest (um sabonete) e ele, por um sabonete concorrente: o Fairy. No cômputo geral, eu preferia ser o senhor Zest do que o senhor Fairy. De repente, o presidente da empresa se aproximou de nossas baias. Estava dando uma volta. Perguntou-me como andavam as coisas. Murmurei algo a respeito do tempo. O CEO se dirigiu ao senhor Fairy e fez a mesma pergunta.

"Jurgen", disse o senhor Fairy, "gostaria muito da sua ajuda nessa nova campanha que estamos desenvolvendo..." O CEO ficou satisfeito. Era sua chance de mostrar que não tinha perdido nenhuma das suas habilidades em *marketing*. Quinze minutos depois, Jurgen apresentava um sorriso largo: acabara de demonstrar que ainda era o tal. O senhor Fairy também tinha um sorriso de satisfação. Além de ter conseguido o apoio do presidente da empresa para uma nova e polêmica campanha, ainda ficou conhecido pelo chefão. Rapidamente se espalhou a fama de que o projeto de Fairy passara a favorito do CEO. Uma semana depois, todos os departamentos já tinham aprovado a campanha de Fairy. Um mês depois, eu ainda estava brigando com eles para obter a aprovação da minha campanha, muito mais modesta.

Nesse breve intercâmbio com o presidente da empresa, o senhor Fairy demonstrou diversas técnicas de influência:

- aproveitou o momento;
- vendeu sua ideia pedindo auxílio: escutou em vez de tentar promover algo;
- agiu como parceiro do chefe, tratando-o como uma pessoa e não apenas como chefe;
- pediu emprestada a autoridade do CEO.

O modo mais fácil de pessoas sem influência (como o senhor Zest e o senhor Fairy) ganharem influência é pedi-la emprestada de outra pessoa. O poder de endosso da pessoa certa é grande. Os anunciantes compreendem isso bem. Fabricantes de artigos esportivos, como Nike e Adidas, buscam incessantemente os endossos das maiores celebridades em cada modalidade esportiva. Como consumidores, sabemos que as estrelas foram compradas: elas podem ou não preferir produtos Adidas ou Nike. Mas ainda assim o endosso funciona. Gostamos de acreditar que, se usarmos os mesmos equipamentos dos campeões, poderemos praticar esportes tão bem quanto eles ou, no mínimo, melhor do que normalmente praticamos. Na realidade, os tacos que Tiger Woods utiliza podem precisar de mais controle do que um amador é capaz de alcançar; podemos ser melhores com tacos mais indulgentes com os erros. No entanto, esse é o poder do endosso, uma vez que pagamos algo a mais pelos equipamentos que nossos herois esportivos defendem.

As pessoas influentes não precisam contar com o cargo nem com o status em relação ao poder. Elas criam seu próprio poder informal. Possuem, todas, uma plataforma cultivada com atenção. Essas plataformas representam um atalho para o poder e a influência. Em vez de esperar pela promoção, essas plataformas oferecem influência e poder rapidamente.

Há quatro tipos principais de plataformas para o administrador influente, como veremos a seguir.

- Pessoas influentes: peça emprestadas credibilidade e influência.
- Lugares influentes: vá onde está o poder.
- Direito à fama: construa sua plataforma pessoal.
- Controle da agenda: elabore um plano.

Pode-se desenvolver os quatro tipos de influência ao mesmo tempo. As pessoas e os lugares influentes dizem respeito a pedir emprestada uma plataforma em favor da influência. São atalhos para a influência. Em certo momento, os administradores também precisam adquirir influência por sua própria conta. O controle da agenda e o direito à fama oferecem aos administradores uma plataforma pessoal de influência.

Pessoas influentes: pedir emprestadas credibilidade e influência

Podemos pedir emprestado dinheiro a curto prazo, talvez por intermédio da operadora de nosso cartão de crédito, e podemos pedir emprestado dinheiro a longo prazo, talvez por intermédio de uma hipoteca. Da mesma maneira, os administradores podem pedir emprestada influência de curto e de longo prazos. No curto prazo, a influência resulta do poder dos endossos. A tomada de empréstimo de longo prazo em relação ao poder resulta do apadrinhamento, ou seja, fazer alianças com os barões certos. Os dois tipos de empréstimo aumentam a influência que um administrador pode exercer numa organização.

Pedir empréstimo de curto prazo: o poder do endosso

O poder do endosso tornou-se evidente quando trabalhei na Lloyds, companhia de seguros britânica. Havia imaginado que seria um negócio muito complicado e sofisticado fazer seguro de plataformas de petróleo, superpetroleiros, aviões e pés de estrelas do futebol. Estava errado. O corretor circulava em torno de diversas escrivaninhas antiquadas, atrás das quais os agentes de seguros sentavam-se. O corretor tirava um pedaço de papel com um risco de 3 bilhões de dólares sobre uma plataforma de petróleo do Mar do Norte. O agente de seguros observava o pedaço de papel. "Tudo bem", ele dizia, depois de cerca de dez segundos, "se é bom para Charlie, Tom e Jamie, é bom para mim. Ficarei com uma posição de 50 milhões de dólares". Ele tinha acabado de comprometer sua empresa em um risco de 50 milhões de dólares, baseando-se no fato de que pessoas em que confiava também tinham assumido parte do risco. Algum tempo depois, a Lloyds fez maus negócios e quase faliu. Avaliar riscos com base no que seus amigos contrataram talvez não fosse suficientemente inteligente.

Os administradores eficazes aprendem a utilizar o poder do endosso em benefício próprio. Os planos de negócios, as campanhas e as novas ideias não são julgados com base somente na ideia. Também são julgados em relação à qualidade das pessoas por trás da ideia. Da mesma maneira, os investidores de capital de risco não analisam um novo negócio com base apenas no plano de negócios. Apostam tanto no administrador como no plano. Há um motivo para isso. Uma boa equipe melhorará um plano comum e moverá montanhas. A equipe "B" lutará para cumprir suas promessas. Até você ter um currículo estabelecido, você será encarado como a equipe "B", isto é, será julgado em relação ao desempenho e não ao potencial.

Pedir empréstimo a longo prazo: o poder do apadrinhamento

Quando o palácio de Kensington foi construído, causou muita diversão aos camponeses locais. Eles se reuniam do lado de fora e observavam os lordes e as *ladies* arrogantes chegando em seus trajes extravagantes. Era como observar celebridades do cinema chegando para uma estreia, mas sem o respeito e a adulação que essas estrelas recebem. Por seu lado, os lordes e as *ladies* carregavam ramalhetes de ervas perfumadas para proteger seus refinados narizes dos cheiros do populacho. Na prática, porém, os lordes e as *ladies* cheiravam mal. Mudavam seus trajes externos diversas vezes por dia, mas trocavam as roupas íntimas três ou quatro vezes por ano. Todos queriam entregar um pedido ao rei, mas o acesso era limitado. Algumas pessoas aguardavam durante dias em uma das diversas salas de espera e antecâmaras. Os autores de pedidos mais inteligentes procuravam o apadrinhamento dos aristocratas que já tinham acesso ao rei. O poder e o dinheiro emanavam do rei; quanto mais próxima a pessoa estivesse dele, maior sua influência, poder e prestígio.

Os reis do mundo empresarial são os CEOs. Felizmente, eles trocam as roupas íntimas com maior frequência do que os reis do passado. No entanto, o poder e o apadrinhamento ainda emanam do CEO, e os barões do poder ainda se reúnem em torno do seu rei corporativo, em busca de cargos e favores. Aqueles que são bem-sucedidos, como o cardeal Richelieu, primeiro-ministro de Luís XIII, conquistam fama e fortuna. Aqueles que desagradam o rei tornam-se vítimas de execução corporativa: são despedidos.

Os princípios do apadrinhamento se aplicam ao mundo empresarial como se aplicavam na era de reis e rainhas poderosos. O acesso ao topo é desejável, mas, para diversos administradores, o acesso a um barão do poder é um substituto muito útil. Achar o barão certo não é fácil. Ele possui duas qualidades:

- *sucesso* — terá ou conseguirá apadrinhamento significativo em relação a bônus, salários, promoções, projetos e atribuições;
- *lealdade* — vai se manter fiel e recompensará a equipe que o ajudou a obter êxito.

O apadrinhamento é uma via de mão dupla: o padrinho sempre quer algo em troca por aquilo que dá. A lealdade e o compromisso tendem a ser mais profundos quanto mais é dado e recebido. Michael demonstrou como ser um barão do poder quando criou uma nova linha de serviços, oferecendo suporte de integração para empresas que haviam passado por processos de fusão. Primeiro, foi bem-sucedido: desenvolveu o negócio rapidamente. Isso lhe trouxe muito dinheiro em bônus e influência nas promoções, o que o tornou um poder muito atraente. Segundo, foi muito leal a sua equipe e exigiu 100% de lealdade em troca. A equipe virou uma espécie de empresa dentro da empresa. As pessoas de fora não eram bem-vindas e tornou-se difícil saber quem fazia o quê dentro da equipe. Apenas Michael sabia realmente o que estava acontecendo. Utilizou o sucesso e o conhecimento em benefício próprio. Na época das promoções, apoiou seus três candidatos com vigor. Basicamente, intimidou a comissão de promoção para aceitar suas escolhas. A única referência de desempenho que a comissão tinha fora fornecida por ele, que, sem dúvida, era bem-sucedido. O sucesso e a lealdade geram seguidores dedicados. Também atraem alguns dos melhores e mais ambiciosos talentos.

Michael espera seu quinhão em troca. Lealdade total e compromisso total são obrigatórios. Sua equipe é como um culto, ou seja, possui seus próprios valores, crenças e modos de executar as coisas. Os membros não são somente leais a Michael; também são leais uns aos outros.

Se você pensa que entregar seu ego, sua vida e sua carreira ao ego, à vida e à carreira de um barão emergente é um passo muito grande, há outras maneiras mais fracas de apadrinhamento, também eficazes, que os administradores podem cultivar. Um bom relacionamento com um tutor pode ser muito produtivo para os dois lados. Assim como todas as formas de apadrinhamento, ter um tutor deve ser um relacionamento de ganho mútuo. Eis o que cada lado pode esperar:

- *tutorado* — obtém acesso a um alto executivo, tem conselho pessoal e apoio; um *insight* a respeito de como os administradores seniores pensam é uma preparação inestimável para lidar com outros administradores seniores; o tutor também deve alertar o tutorado a respeito das oportunidades e dos riscos referentes à carreira e deve ser capaz de romper os ocasionais obstáculos

políticos. O tutor pode não conceder muito tempo, mas o valor de cada intervenção pode ser imenso;
- *tutor* — valoriza ter olhos e ouvidos espalhados dentro da organização. Os altos executivos desconfiam dos documentos formais que lhes são apresentados: esses papéis fornecem uma versão distorcida da verdade. Eles valorizam o boca a boca a respeito do que está realmente acontecendo na organização. Também precisam de algumas pessoas que "apagam incêndios", para ajuda arbitrária e respaldo no desenvolvimento de uma nova ideia, elaborando um discurso ou preparando uma reunião. Finalmente, muitos tutores ficam serenamente lisonjeados quando talentos emergentes os procuram e valorizam seus pontos de vista.

O principal bloqueio para criar esses relacionamentos está na mente do tutorado. Observamos os chefões e os consideramos chefões. Deixamos a hierarquia se intrometer no relacionamento. Como veremos no capítulo dedicado ao Princípio da Parceria, o truque é lembrar que o chefão mais poderoso é um ser humano, apesar das aparências em contrário. Se os tratarmos como homens e parceiros, não só como chefes, teremos mais possibilidades de consolidar um relacionamento produtivo.

Lugares influentes: vá onde está o poder

Perguntaram a Willy Sutton, o famoso assaltante norte-americano, por que ele roubava bancos. "Porque é onde está o dinheiro", foi a resposta. Se você quer dinheiro, vá aonde está o dinheiro. Se você quer fama, vá aonde está a fama. Se você quer poder, vá aonde está o poder.

Algumas pessoas são atraídas pelo poder como as mariposas o são pela luz. Inevitavelmente, algumas se queimam no processo. A fonte mais luminosa de poder e influência é a organização que você representa. Algumas pessoas tornam-se influentes por sua própria conta: *pop stars*, atores, artistas e atletas podem conseguir influência por si mesmos. Alguns astros, como Bono, atraem presidentes e primeiros-ministros, que trocam cotoveladas para tirar fotos ao lado deles. A menos que você tenha confiança de se tornar uma celebridade mundial, precisa de um atalho para obter cargos e influência. Na medida em que representa uma organização, você herda a influência e a credibilidade dessa organização. Caso se una à parte certa dessa organização, multiplicará sua influência ainda mais.

Escolha do empregador

No Japão, quando executivos se encontram, a primeira coisa que fazem é trocar *meishi*, isto é, cartões de visitas. Do ponto de vista ocidental, o *meishi* apresenta o nome, o empregador e o cargo de alguém. Na prática, o *meishi* é um guia que mostra quem deve ser cumprimentado primeiro, de modo mais longo e intenso na apresentação. O cargo e a empresa da pessoa indicarão seu status: a Toyota tem, sem dúvida, mais prestígio do que um de seus fornecedores ou do que a loja de conveniência local. Durante a leitura e a troca dos *meishi*, mesuras vigorosas se sucedem, estabelecendo a ordem social correta. As mesuras podem parecer difíceis para os ocidentais, mas tente explicar como dar um aperto de mão em um homem de negócios japonês (quando, como saber o momento correto; como demonstrar que se deseja cumprimentar com um aperto de mãos; a força e a duração).

> O *meishi* é um guia que mostra quem deve ser cumprimentado primeiro, de modo mais longo e intenso

A história do *meishi* revela como dependemos do empregador para obter status e influência. Se você trabalhar para a McKinsey, os executivos tenderão a atender ao telefone quando você telefonar. Se estiver ligando em nome do Fred's Consulting Emporium, será muito mais difícil entrar em contato com um CEO. Toda vez que telefonamos, toda vez que dizemos o nome do empregador, pegamos emprestada sua credibilidade: herdamos a influência e o poder construídos ao longo dos anos pela empresa. Para constatar o poder do empregador, veja o que acontece aos altos executivos quando saem das grandes empresas em que trabalhavam. Os mestres do universo tornam-se proscritos: ninguém atende seus chamados. Até os CEOs tornam-se sombras de si mesmos depois que se afastam do cargo.

Escolher a companhia certa é fundamental. Selecionar uma empresa grande e de prestígio é um atalho para a influência pessoal no mercado. Isso se reflete na época da seleção de pessoal, em níveis de estagiários e trainées: os principais empregadores em consultoria, direito e finanças são inundados com currículos dos melhores e mais brilhantes. Eles são como as mariposas atraídas pela luz. Todos acreditam com fervor que são melhores e mais brilhantes do que o restante dos melhores e mais brilhantes. Lentamente, descobrem a lógica implacável da pirâmide associada à carreira profissional. Se houver um sócio para cada 25 funcionários, então, mesmo com um crescimento de 10% ao ano, apenas um em cada dez dos trainées se tornará sócio em dez anos. Nove entre dez ficarão decepcionados ou apresentarão motivos elaborados a respeito de como sempre quiseram cuidar de uma propriedade rural de produtos orgânicos em Vermont. Isso põe o desafio da influência e do poder em perspectiva. Se você conseguir emprego em uma empresa grande e prestigiosa, precisará fazer mais do que ser brilhante e trabalhar duro para obter sucesso. A arte da influência torna-se indispensável para lhe dar destaque, para fazer as coisas acontecer, para lhe oferecer direito à fama e para levá-lo a encontrar as atribuições e oportunidades certas, capazes de conduzir ao êxito.

À primeira vista, as empresas globais parecem oferecer a maior gama de oportunidades. De certa maneira, oferecem. No entanto, elas raramente são globais: nem todos os países têm a mesma importância dentro das empresas transnacionais. Nelas,

> Nem todos os países têm a mesma importância dentro das empresas transnacionais

o lugar influente é o do país de origem da organização. As empresas francesas, japonesas, norte-americanas, indianas e chinesas podem empregar muitos estrangeiros. Alguns podem ser promovidos para posições graduadas. No entanto, o peso esmagador do poder está com os funcionários do país de origem da matriz. Em geral, isso se reflete na escolha do CEO, que geralmente tem a nacionalidade do país de origem da empresa. As exceções, como Carlos Ghosn (Nissan) ou Howard Stringer (Sony), são notáveis exatamente porque são exceções à regra.

A preferência pelo país de origem também causa sérios problemas no escalão inferior das companhias. Raramente as equipes globais funcionam tão bem quanto o planejado. Parte do problema diz respeito ao poder. Como explicou um trabalhador galês de uma empresa francesa: "Nunca vi o líder da equipe: todas as decisões parecem ser tomadas lá. Tento adivinhar o que se espera, mas é um desperdício de tempo. Eles não confiam em nós e nós não confiamos neles". O local do poder é claro: está quase sempre com o país de origem. Escolha bem seu empregador.

Escolha da função

Enquanto escrevia este livro, a Procter & Gamble divulgou que Robert McDonald estava assumindo o cargo de CEO no lugar de A. G. Lafley. Não tive de conjecturar a respeito do seu *background*. Eu sabia qual tinha de ser esse *background*. A única fonte de poder e influência na P&G é marketing e gestão de marcas. McDonald devia ter percorrido esse caminho. Uma rápida verificação mostrou que esse era o caso. Sua carreira em marketing o levara da América do Norte para o Japão e a Ásia, dando-lhe uma perspectiva global de que a P&G queria de um novo CEO. O único caminho para o topo na P&G é a gestão de marcas. Esse truísmo é sentido de modo aguçado até mesmo nos níveis mais baixos da empresa: são os grupos de gestão de marcas que determinam a maioria das decisões no dia a dia. Produção, vendas, P&D, finanças, logística e RH desempenham funções fundamentais, mas é evidente que a gestão de marcas está no comando. Se você quiser poder e influência na P&G,

ingressar na gestão de marcas é um movimento inteligente. Fiel à regra da preferência pelo país de origem, tanto A. G. Lafley como McDonald são cidadãos norte-americanos. A P&G pode ser global, mas são óbvios os locais onde o poder reside: nos Estados Unidos e no marketing.

Em diversas outras empresas, a escolha da função não é tão bem definida. Nas de serviços de assistência profissional, a natureza do poder e da influência muda constantemente, em resposta ao mercado: uma organização especializada ou um serviço de atendimento ao consumidor cresce rapidamente e outro encolhe. Os administradores dos negócios em crescimento parecem herois; os administradores dos negócios em contração chegam a usar o chapéu de burro. O poder segue o dinheiro e o dinheiro segue o cliente; se o dinheiro é o rei, o cliente é o imperador. O lugar ideal para estar é uma unidade de negócios pequena, que está prestes a crescer rapidamente. Mas a respeito disso é mais fácil falar do que fazer.

Direito à fama: construa sua plataforma pessoal

O velho tio Harry lutou a boa guerra. Quando relatou suas diversas histórias a respeito da Segunda Guerra Mundial, ficou claro que derrotara sozinho o nazismo (talvez com uma pequena ajuda dos russos, norte-americanos e daquele senhor, Winston Churchill). A verdade era um pouco mais trivial: ele servira na intendência do exército e nunca participara de nenhum combate. No entanto, isso nunca o impediu de contar uma boa história. O direito à fama de Harry durou até o dia de sua morte e o ajudou a impressionar prováveis empregadores e namoradas.

Um bom direito à fama pode auxiliar uma pessoa ou uma organização. Tom Peters é um superastro do circuito de conferências corporativas. Seu direito à fama original foi ter sido o coautor de *In Search of Excellence* [Em busca da excelência]. Atualmente, esse é um livro pouco lido, que mofa nas posições inferiores dos *rankings* do portal Amazon. Ainda que a plataforma original esteja para além da data de validade, cumpriu seu propósito, dando a Tom Peters a possibilidade de desenvolver a carreira de conferencista.

Da mesma maneira, a Microsoft se beneficia de uma plataforma de sucesso que já desapareceu. Quando a IBM ingressou no mercado de PCs, era a força dominante em *mainframes* (computadores de grande porte). Esperava-se que também ditasse os padrões do mercado de PCs. A IBM escolheu uma empresa recém-criada, administrada por Bill Gates, para fornecer o sistema operacional de seu computador pessoal. O resultado é que o programa da Microsoft tornou-se, de fato, o sistema operacional padrão de todos os PCs. Em 2005, a IBM saiu do setor de PCs, quando concluiu a venda de sua divisão de computadores pessoais para a Lenovo. A plataforma original da Microsoft desapareceu, mas a empresa ainda mantém 90% da participação de mercado para sistemas operacionais de PCs. O enigma de uma boa plataforma é que ela funciona mesmo após ter desaparecido.

> O enigma de uma boa plataforma é que ela funciona mesmo após ter desaparecido

A maioria de nós não vai publicar um *best-seller*, não vai se tornar um superastro do circuito de conferências empresariais nem vai deter 90% do mercado global. No entanto, ainda assim precisamos do direito à fama para deixar nossa marca. A necessidade do direito à fama fica mais importante à medida que as organizações se tornam mais horizontais e mais confusas. Uma companhia de seguros de vida consegue ter cinco dimensões em sua matriz: produtos, canais, geografias, clientes e funções. A maioria dos seres humanos luta com mais de três dimensões. Os atuários lutam com cinco. Nas empresas complexas, é fácil esconder-se e ainda mais difícil brilhar. Ninguém sabe quem era realmente responsável por aquilo que é produzido. Isso é importante. Se você for apenas outra face cinzenta dentro de uma baia, será difícil ter influência ou poder. Se tiver direito à fama, será mais notado e encontrará mais oportunidades de acontecer.

> Nas empresas complexas, é fácil esconder-se e ainda mais difícil brilhar

Construindo sua plataforma

O poder do direito à fama torna-se evidente na época das promoções. Fui incumbido de dirigir uma comissão de promoções. Cinquenta candidatos disputavam trinta promoções; oficialmente, a organização divulgou que não havia um número limite para as promoções. Nunca confie na propaganda da empresa. Isso significou que vinte pessoas ficaram muito decepcionadas. Despedir pessoas é relativamente fácil, pois, no momento em que se chega a esse estágio, os dois lados reconhecem o inevitável. Decepcionar boas pessoas, que trabalharam com afinco e alcançaram objetivos, é muito pior. Peneiramos por meio de pacotes de promoção. Eram todos panegíricos de enaltecimento irrestrito ao sucesso extraordinário de cada indivíduo. Em outras palavras, tratava-se de um pacote de mentiras. Cada pacote era uma tentativa de um chefe cumprir uma promessa feita ao membro de uma equipe: "Trabalhe duro e você será promovido".

No final, tivemos de nos fazer três perguntas:

- quem está apadrinhando o candidato (Os padrinhos são confiáveis?)
- qual é a experiência pessoal do candidato;
- qual é o direito à fama do candidato.

A pergunta do apadrinhamento leva ao princípio das pessoas influentes: você precisa de um padrinho poderoso. A questão da experiência pessoal leva à questão dos lugares influentes: é muito mais fácil causar uma impressão positiva se você trabalhar na proximidade das pessoas que decidirão sua carreira. Por outro lado, também é possível causar uma impressão negativa com mais facilidade. A pergunta final foi a decisiva: qual era o direito à fama do candidato?

O direito à fama pode ser mais ou menos qualquer coisa. Um funcionário tornou-se especialista secreta na arte de elaborar estudos de casos financeiros para projetos de TI de companhias britânicas de seguro de vida. Era uma arte secreta, mas valiosa. Ele ganhou a promoção. Outra funcionária se destacou porque sempre se ofereceu para ajudar em tarefas extras. Foi promovida. Um terceiro funcionário foi enviado para o condado inglês de Cúmbria, para participar de um projeto pequeno e complicado, e o transformou em um projeto grande e bem-sucedido. Foi promovido.

    O princípio do direito à fama pode enviar você para o exílio voluntário. Se for difícil sobressair dentro de uma baia, será mais fácil ganhar destaque nos postos avançados do império, onde você terá a chance de dirigir seu próprio show. Você pode ser um peixe grande em um laguinho e aprender como um peixe grande se comporta. Dirigir seu próprio show significa que o fracasso ou o sucesso se deve muito claramente a você. Se decidir fazer isso, há duas regras de ouro a lembrar:

- nunca acredite nas promessas a respeito do que acontecerá no seu retorno do exílio;
- cuide muito bem da sua reputação no escritório central.

    Há lições que aprendi a duras penas quando decidi partir para um exílio voluntário e dirigir um negócio no Japão. Quando cheguei, encontrei-o sem clientes, sem vendas, sem perspectiva e com um monte de contas para pagar. Minha passagem só de ida para o Japão pareceu uma passagem para o término de uma carreira. Considerando de modo mais positivo, se eu fizesse qualquer coisa, seria uma melhoria em relação à confusão herdada. Assim, comprei algumas passagens de ida e volta e comecei a administrar as expectativas em nossos dois escritórios centrais, baseados, de modo inconveniente, em Nova Jersey e em Paris. O primordial era garantir que minha história a respeito do Japão fosse aceitável e, assim, rapidamente concebi uma história acerca de investimento. Podíamos investir no Japão por três anos e desenvolver algo que combinasse com o resto do mundo, ou podíamos fechar o negócio e partir, ou podíamos arriscar e comprar outra empresa por um custo imenso. Se tivéssemos deixado o pessoal do financeiro conceber a história, teria sido muito desagradável. Ao atacar antes, definindo o tom da discussão e, em seguida, encontrando o máximo de justificativas possíveis para voltar ao trono do poder, seríamos capazes de sobreviver.

Quando estamos em um posto avançado, ninguém realmente sabe ou entende o que fazemos. As pessoas analisam os números e julgam com base neles. Eis por que é fundamental cuidar da história por trás dos números: para mostrar que aquilo que você está fazendo é real e se trata de uma mudança significativa em relação ao passado.

A segunda lição é nunca acreditar nas promessas a respeito do que acontecerá no seu retorno do exílio. Depois de três anos, a empresa foi reorganizada três vezes e todos os seus antigos gerentes de linha estarão em funções diferentes. Os que estarão no lugar deles não levarão em conta a necessidade de manter antigas promessas — feitas por outra pessoa para alguém que eles não conhecem. Além disso, provavelmente não existirão oportunidades disponíveis. O único antídoto contra isso é manter contato estreito com o escritório central durante o exílio. Administre as questões políticas e mantenha seu radar sintonizado nos novos postos abertos.

Se sobreviver a tudo isso, você terá um direito real à fama. Haverá mostrado que pode dirigir alguma coisa e irá se destacar em relação a todos os outros funcionários que analisam, relatam e se associam com o sucesso, enquanto se distanciam dos problemas. À medida que seu direito à fama se desenvolve, você cria uma diferença intransponível em relação aos colegas mais cautelosos, que nunca assumiram riscos e nunca lideraram.

Controle da agenda: elabore um plano

As pessoas andam muito atarefadas. Parecem mais estressadas e assoberbadas do que nunca. Todos os dias há mais desafios e crises a enfrentar. Temos de responder aos clientes, aos concorrentes, aos colegas e aos superiores. A última coisa de que precisamos é a possibilidade de realizar mais coisas: já temos muito a fazer, obrigado.

O problema do estresse e do excesso de trabalho é maravilhoso para os administradores influentes. Há oportunidades incontáveis para assumir o controle na surdina: a maioria das pessoas se sentirá satisfeita pelo fato de você as livrar de um problema. Elas não estão só lhe dando um problema como também uma chance de desenvolver sua influência. O controle da agenda é uma plataforma poderosa, a partir da qual você pode aumentar sua influência.

Assumir o controle de modo elegante em vez de enfrentar uma batalha pelo poder tem três condições como base:

- encontrar a oportunidade certa;
- atacar primeiro;
- mover-se para o centro do palco.

Descobri essas três regras acidentalmente, como jovem pesquisador do Parlamento britânico. Meu chefe era um parlamentar, responsável pela política econômica e industrial. Ele decidiu que o partido precisava de uma nova política econômica e industrial. Isso não era exatamente verdade. O partido não precisava de uma nova política. Quem precisava dela era meu chefe, para mostrar que estava fazendo alguma coisa. Assim, ele reuniu um grupo de pessoas muito importantes para assessorá-lo. Esse grupo sentou-se em torno de uma mesa e discutiu durante uma hora ou duas. Eu fui polidamente ignorado. Consideravam-me muito jovem para ser capaz de pensar ou falar. Perto do final do encontro, fiz minha única contribuição: ofereci-me para elaborar a ata da reunião. Todos ficaram muito satisfeitos, pois essa era uma tarefa administrativa que estava abaixo da dignidade deles. Na ocasião, não percebi, mas uma tarefa administrativa bem escolhida pode ser um estratagema administrativo.

> Uma tarefa administrativa bem escolhida pode ser um estratagema administrativo

De volta ao escritório, observei minhas anotações. Todas as ilustres pessoas tinham dito coisas magníficas, mas não havia conclusão ou orientação em relação a nenhum comentário. Assim, escrevi o que achei que seria uma boa política industrial e econômica, tomando cuidado para incluir um ou dois comentários de cada prócer. Então divulguei a ata, chamando a atenção de cada destinatário para sua contribuição. Eles ficaram empolgados ao ver que uma de suas ideias tinha sido aceita no documento. Algumas revisões depois, o plano político foi acordado. Era, por acaso, o *meu* plano político. Dois anos depois, o partido implodiu; gosto de pensar que não foi por minha culpa.

Vamos acionar a repetição em câmara lenta e ver o que aconteceu?

- *Encontre a oportunidade certa*. Trabalhar na política econômica e industrial do partido foi melhor do que responder às preocupações sobre moradia dos eleitores.
- *Ataque primeiro*. Há sempre momentos de incerteza, em que nem sempre fica claro quem vai fazer o quê. Há um vazio esperando para ser preenchido. Então, preencha-o. Alguém precisa se antecipar e se oferecer para resolver o problema, conduzir a análise, fazer a ata da reunião ou tomar as medidas seguintes. A primeira pessoa a levantar as mãos, a tossir, a chamar a atenção de quem dirige a reunião ou até mesmo a erguer a sobrancelha é aquela que se oferece como voluntária. Em geral, todos os demais se sentirão satisfeitos por se esquivar do trabalho extra.
- *Mova-se para o centro do palco*. Oferecer-se para facilitar o progresso da reunião, anotar ou resumir parece um tanto entediante e parecido com trabalho duro. E é. No entanto, isso o coloca no centro do palco. O facilitador controla a direção da conversa; o autor do resumo controla o resultado da reunião. Qualquer um pode fazer isso, em qualquer nível.

Tomar notas não é o único modo de assumir o controle. Sempre há tarefas que ninguém quer fazer, ou porque todos estão muito atarefados ou porque a tarefa é muito difícil. Esse é o vazio esperando para ser preenchido. Na maioria das vezes faz sentido deixar o vazio bem vazio. Se for uma tarefa de baixo valor, você simplesmente a adicionará a uma agenda sobrecarregada. Se for uma oportunidade que lhe dá a chance de brilhar, ataque primeiro e se apresente como voluntário. Dois exemplos dão o recado.

Estávamos criando uma instituição beneficente. Havia muita coisa a fazer: arrecadação de recursos, seleção de pessoal, desenvolvimento de operações. Felizmente, um empresário gentil ofereceu-se para realizar o trabalho tedioso de contatar advogados e a comissão da instituição para definir a estrutura legal. Ficamos satisfeitos em delegar essa burocracia. Mas, nesse momento, perdemos o controle da instituição. O empresário usou o processo legal para se empossar como presidente e colocar seus amigos no conselho de administração. Uma vez isso feito, não houve maneira de removê-los. Eles eram imprestáveis e quase liquidaram a instituição. Mas o empresário preencheu o vazio e assumiu o controle.

O segundo exemplo ocorreu em uma terrível reunião de empresa, do tipo que todos os executivos têm de suportar de vez em quando. Os orçamentos para o ano seguinte estavam sendo acordados. O pessoal do escritório central era como *rottweilers*. Atacou todos os aumentos de gastos das unidades operacionais. Finalmente, eles se levantaram e anunciaram um aumento de 40%, ou 35 milhões de dólares, no próprio orçamento do escritório central. Houve um silêncio de espanto. Na primeira objeção, o diretor operacional sorriu discretamente. "Bem", ele disse, "se alguém achar que podemos gastar menos, será bem-vindo ao escritório central para nos provar". Ninguém foi tolo para desafiar o poder do escritório central: seria suicídio. Bem, quase ninguém. Sempre há uma pessoa com mais coragem do que juízo. Eu levantei a mão. O vazio fora preenchido e me apresentei como voluntário para o projeto suicida de cortar o orçamento do escritório central e criar inimigos entre todas as pessoas influentes da empresa. Cuidado com as oportunidades que você enfrenta.

Resumo

Há quatro modos principais para o administrador influente criar uma base de poder.

- Pedir poder emprestado a pessoas influentes.
- Ir a lugares influentes, onde está o poder.
- Ter direito à fama e construir sua reputação.
- Controlar a agenda, elaborando um plano.

Tudo isso corresponde a um *flash* ofuscante do óbvio. Exatamente como grande parte da arte da administração, não se está diante de um segredo profundo, conhecido somente por alguns poucos iniciados. Trata-se de bom senso, algo que está em falta em diversos locais de trabalho. Se você conseguir aplicar esses princípios, começará a ganhar influência. Como sempre, aplicar o bom senso no mundo confuso, ambíguo e mutável da administração não é tarefa fácil. Este capítulo descreveu de que o administrador influente precisa para construir sua influência. Os capítulos seguintes mostrarão como construir essas bases de poder e como construir a influência. No entanto, primeiro investigaremos um pouco mais o princípio das pessoas influentes, ou seja, saber quem influenciar e como tecer sua rede de influência na organização.

> Falta bom senso em diversos locais de trabalho

CAPÍTULO 2

Criando uma rede

O primeiro dia no trabalho, como o primeiro dia na escola, pode ser traumático. Queremos causar boa impressão, mas não conhecemos ninguém nem temos ideia do que fazer ou de como as coisas funcionam. O trauma permanece mesmo quando ingressamos no alto escalão, como descobri quando me tornei sócio de uma grande empresa.

Ninguém me conhece. Até mesmo a recepcionista me observou desinteressadamente e disse que ninguém com o meu nome trabalhava ali. Ótimo começo. Em seguida, passei pela humilhação ritual de ter de aprender como funcionavam os telefones e os computadores. Descobri que não podia nem mesmo telefonar ou enviar um e-mail sem ajuda. Muito pouco para ser um mestre do universo. Fui introduzido a um grande escritório. Meu escritório. Sentei na grande cadeira atrás da grande escrivaninha. A realidade se manifestou rápido: sem clientes e sem equipe, eu não tinha nenhum futuro. Precisava fazer as coisas acontecer. Mas mesmo que eu conseguisse usar o telefone para trabalhar, para quem ligaria e por que ligar?

Era um contraste completo com meu trabalho anterior, em que eu conhecia todas as pessoas e tinha diversos clientes. Se precisasse fazer as coisas acontecer, sabia a quem procurar. Também sabia quem evitar. Possuía duas redes de influência na minha ex-organização. Internamente, tinha uma rede de alianças e obrigações mútuas a que poderia recorrer. Externamente, a rede de clientes proporcionava faturamento e trabalho. De repente, vi-me sem as redes que possibilitavam o sucesso. Eu era o famoso peixe fora d'água. Descobri muito tarde a recomendação a respeito dos *headhunters*: quando eles prometem jardins mais verdes, lembre-se, o jardim do vizinho é sempre mais verde.

> Quando os *headhunters* prometem jardins mais verdes, lembre-se, o jardim do vizinho é sempre mais verde

Para ter sucesso eu precisava começar a tecer novas redes de influência dentro e fora da empresa. Esse é o desafio que todos os administradores enfrentam. A influência resulta de uma rede de alianças e da confiança, isto é, de pessoas às quais você pode apelar para as coisas acontecer. As redes de influência desfrutam dos benefícios e desafios do efeito de rede: as fortes se fortalecem, as fracas permanecem fracas.

O efeito de rede é difundido na empresa. Um sistema telefônico com apenas uma única linha possui uso limitado; quanto mais pessoas se juntam à rede, mais atraente ela fica. Muitos negócios da internet aproveitam os benefícios do efeito de rede. O site eBay é atraente para os vendedores porque atrai muitos compradores, e vice-versa: quanto mais clientes possui, mais atraente fica. Possui a liquidez e a profundidade que outros mercados on-line não conseguem igualar. Nos mercados financeiros, as maiores bolsas de valores e outros mercados financeiros desfrutam das mesmas vantagens de rede de escala e liquidez para compradores e vendedores.

No mundo administrativo, o efeito de rede fomenta a influência. Um administrador sem rede não possui influência; pior, tende a não atrair alianças ou apoios. Tem pouco a oferecer em troca. Um administrador bem conectado em rede atrai talentos e mais alianças. Pode realizar negócios, retribuir favores, proporcionar acesso a pessoas-

> A rede forte atrai e a rede fraca repele

-chave, trabalhar a questão política e fazer as coisas acontecerem. A rede forte atrai e a rede fraca repele.

O objetivo deste capítulo é mostrar de que tipo de rede os administradores precisam. Não faz sentido ter uma extensa lista de contatos em seu celular se você incluir as pessoas erradas nela. Uma grande rede não terá muito uso se for errada. A chave é visar as pessoas certas. Este capítulo responde à seguinte pergunta: "Quem são as pessoas certas para a minha rede?" Os capítulos seguintes revelarão como atrair essas pessoas, transformando-as em aliados motivados.

Leva tempo e esforço construir essa rede de poder. Assim, vale a pena criar a rede certa com as pessoas certas. Se a aranha tecer sua rede no lugar errado, passará fome.

Tecendo a rede de influência certa

Basicamente, há quatro tipos de pessoas de que o influenciador precisa em uma rede de poder.

- *Barões do poder*: são, em geral, pessoas mais experientes, que têm acesso ao dinheiro e aos recursos. Eles também são fundamentais para ajudar nas ações políticas. Podem orientá-lo para os projetos certos; podem ajudá-lo a começar com a função certa, com o apoio correto e o orçamento adequado; podem ajudar a quebrar a resistência que inevitavelmente ocorre.
- *Tecnocratas*: frequentemente, essas pessoas ocupam funções administrativas. Não podem fazer as coisas acontecer, mas podem impedir as coisas de acontecer. Os tecnocratas têm o poder do "não". Ainda pior, dispõem do poder de comentar e assessorar. Podem analisar e assessorar seu projeto até a morte. Entre seus hábitats incluem-se: departamentos financeiro, de recursos humanos, jurídico, de segurança do trabalho e até de controle da marca.

- *Recursos:* são membros da equipe que trabalharão diretamente para você. Em geral, você terá à disposição uma mistura de membros novos e batalhadores, com base no fato de que são as únicas pessoas disponíveis. A equipe "B" é uma fórmula para noites sem dormir, alta ansiedade e até estresse maior. Os administradores influentes utilizarão suas habilidades e redes para identificar, cortejar e recrutar a equipe "A".
- *Parceiros de negócios:* os *traders* estão, em geral, num nível similar ao seu. Eles existem em um mundo ambíguo de cooperação e competição de uns com os outros. Eles têm de colaborar para fazer as coisas acontecer, mas estão competindo pela mesma quantidade de orçamento, apoio administrativo, promoções e bônus.

Descobrir onde reside o poder real leva certo tempo. Sem dúvida, um presidente de empresa é poderoso. No entanto, na vida cotidiana, outras pessoas podem ser mais importantes para fazer as coisas acontecer. Por exemplo, Sarah trabalhava em uma agência de propaganda, repleta de pessoas que usavam camisas vistosas, eram fofoqueiras e tinham egos imensos. Os gerentes de conta eram todos adversários obstinados. A maior rivalidade se dava em torno do apoio do departamento de criação. Nunca havia talento criativo suficiente para todos. A única maneira de obter a execução do trabalho era conseguir que um dos grandes barões do poder gritasse bem alto, de modo que o trabalho furasse a fila. Todos os barões do poder disputavam o mesmo jogo. Era como um chá com chimpanzés, mas com mais confusão ainda. Para racionalizar o processo, a agência criou o cargo de planejador de tarefas. Esse planejador recebia as ordens de serviço de todos gerentes de conta egocêntricos e definia quais equipes criativas deveriam realizar o trabalho e quando. Previsivelmente, todos os grandes egocêntricos pararam de berrar com as equipes de criação (o que era bom) e começaram a berrar com o planejador (o que não era bom). O planejador logo aprendeu a não confiar em nada do que os grandes egocêntricos diziam. Eles argumentavam que cada trabalho era o mais importante e o mais urgente. Naquele momento, Sarah percebeu onde residia o poder: não com os chefes egocêntricos, mas sim com o gerente de nível médio, que era o planejador. Ela levou algum tempo para conhecê-lo. Construiu uma relação de confiança sendo honesta a respeito das suas prioridades. Ajudou o planejador, deixando-o postergar um trabalho seu quando ele enfrentou uma verdadeira crise. Pouco tempo depois, Sarah constatou que podia executar seu trabalho com facilidade. Sua gentileza em relação ao planejador valeu muito mais do que todos os berros dos egocêntricos. Ela percebeu onde residia o poder real e utilizou sua influência para dispor desse poder.

Para construir sua própria rede de poder, você precisa avaliar o que tem no momento e comparar isso com o que precisa. Comece prestando atenção à ajuda e ao suporte de que necessita em sua atribuição atual. A forma de sua rede mudará de atribuição para atribuição: pessoas diferentes são importantes em momentos diferentes. Depois de alguns anos, fica claro quem é importante e confiável. O ponto de partida mais simples é concentrar-se na atribuição atual. Localize seus relacionamentos fundamentais na grade apresentada na página seguinte. O compromisso básico é entre poder e confiança. Na rede perfeita, todos os relacionamentos fundamentais ficam no quadrante nordeste de alto poder e alta confiança. Raramente a vida corporativa é tão simples, como veremos.

Um exemplo revelará o poder e o perigo da rede de poder. Siga o exemplo e elabore sua própria rede. Isso permitirá que você verifique a força da sua posição e onde é necessário construir mais. É um exemplo da vida real, em que os nomes foram alterados para proteger a pessoa inocente e a pessoa não tão inocente. Chris era o diretor de vendas de uma grande empresa financeira. Ele estava se saindo bem; os valores referentes às vendas cresciam, mesmo em um mercado em baixa. Apesar disso, ele não se sentia seguro no seu cargo. O primeiro passo foi mapear sua rede de poder, a qual está ilustrada a seguir.

Criando uma rede

Rede de influência

	Baixo Poder	Alto Poder
Alto Confiança	Soldados de infantaria potenciais	Pessoas influentes
Baixo Confiança	Espectadores	Rivais, traidores e incógnitas

Rede de influência do diretor de vendas

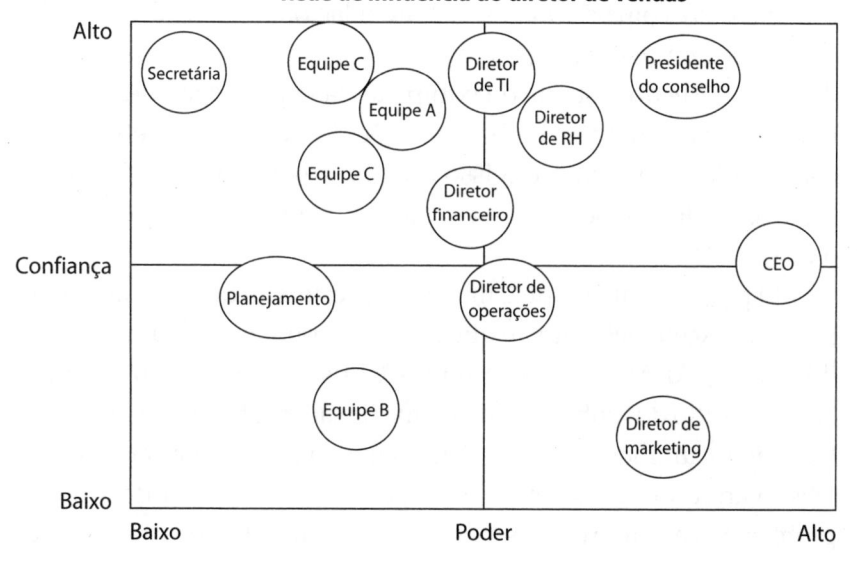

(Alto Confiança, Baixo Poder) Secretária, Equipe C, Equipe A, Equipe C, Planejamento
(Alto Confiança, Alto Poder) Diretor de TI, Diretor de RH, Presidente do conselho, Diretor financeiro
(Baixo Confiança, Baixo Poder) Equipe B
(Baixo Confiança, Alto Poder) CEO, Diretor de operações, Diretor de marketing

Na prática, essa era uma versão simplificada da rede de poder de Chris. No mínimo, ele tinha 40 relacionamentos importantes na empresa. E sempre sabia quem chamar para a execução das tarefas. Embora sua rede fosse muito ampla, as primeiras impressões eram enganosas, pois sua rede era perigosamente fraca.

O problema mais evidente era com seu chefe, o CEO. A única pessoa com a qual todos nós precisamos ter o maior vínculo de confiança é também a pessoa mais poderosa do nosso trabalho: o chefe. Chris tinha, na melhor das hipóteses, um relacionamento ambíguo com o chefe. Períodos ocasionais de calma eram interrompidos por tormentas violentas de desacordo, que podiam ser seguidas por uma tensão nos dois lados. O comportamento deles era infantil, o que não é comum na suíte executiva. Chris também tinha uma relação problemática com o diretor de marketing. Eles não se suportavam. O marketing sempre culpava vendas, e vice-versa, por quaisquer contratempos. O pessoal de vendas culpava o marketing por criar produtos caros e malfeitos. O pessoal de marketing considerava o pessoal de vendas um bando de chorões, incompetentes, preguiçosos e com bem pagos. Era um relacionamento desagregador, que fazia com que o restante da equipe executiva tomasse partido. A maior parte do restante da equipe tentava ficar distante: TI, RH e financeiro sustentavam ter boas relações tanto com marketing como com vendas. Ao menos era isso que diziam em público. Chris não tinha ideia do que pensavam em particular ou o que contavam para o CEO.

O principal aliado de Chris era o presidente do conselho, o que era bom, exceto pelo fato de que este se aposentaria em um ano. Sem dúvida, o poder estava escapulindo. Chris também achou que tinha bom respaldo dos subordinados, uma ilusão que todos os chefes têm. Eles são os últimos a escutar o que sua equipe pensa a seu respeito. Observando de modo mais abrangente, havia um ou dois outros problemas secundários. As pessoas da equipe do departamento de planejamento eram pouco prestativas. Chris as desprezava, considerando-as seguidoras do departamento de marketing, e achava que

Criando uma rede

não eram poderosas. Não sabia quanto acesso elas tinham ao CEO. Como estavam fora da estrutura de poder principal, pareciam neutras e, dessa maneira, o CEO confiava nelas. Chris subestimou seriamente sua importância.

Ao analisar a rede de poder, Chris teve uma revelação. A rede revelou que não era suficiente valer-se de um bom trabalho de venda no mercado. Precisava começar a administrar melhor as ações políticas e as pessoas. Exatamente como diversos executivos, ele não tinha consciência das ações políticas: como era percebido e quem tinha influência sobre quem. Chris precisava de uma verificação da realidade. Na maior parte do tempo, trabalhava contra a organização e não com ela. Isso explicava por que sentia tal estresse na função.

Nessa época, aproximadamente, Chris recebeu a ligação de um *headhunter*, que lhe ofereceu uma oportunidade de trabalho estimulante. Mudar de emprego pode ser muito perigoso por dois motivos:

- a cultura da empresa pode ser diferente, com regras distintas de sobrevivência e sucesso. Frequentemente, o novo empregador e o novo empregado entram em conflito e, no fim, se separam;
- o novo funcionário apresenta uma rede de poder muito fraca; não conta com uma rede de influência e confiança para a qual apelar. Não sabe como fazer as coisas acontecer, que alavancas puxar. Deixa de ser uma pessoa influente na antiga empresa e passa a ser um estranho na nova. De repente, ele, um administrador muito eficaz, parece ineficaz porque não consegue fazer as coisas acontecer. Não entende a questão política.

Apesar disso, Chris decidiu mudar de emprego. Ganharia muito mais e, imaginou, haveria muito menos politicagem. Consideremos sua rede de poder quando ele chegou ao novo emprego, a qual está exposta a seguir.

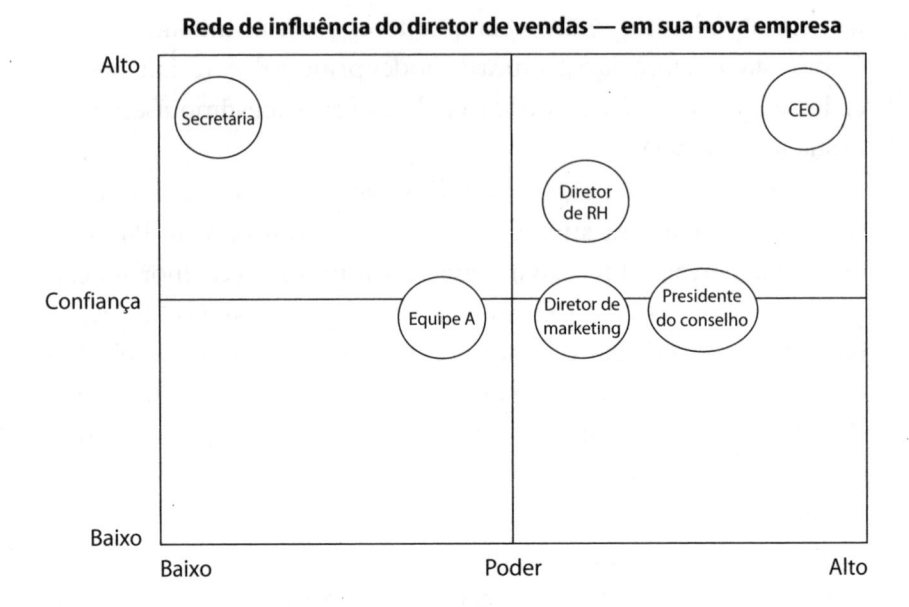

Rede de influência do diretor de vendas — em sua nova empresa

- Eixo vertical: Confiança (Baixo a Alto)
- Eixo horizontal: Poder (Baixo a Alto)
- Secretária: Confiança Alto, Poder Baixo
- CEO: Confiança Alto, Poder Alto
- Diretor de RH: Confiança média-alta, Poder médio-alto
- Equipe A: Confiança média, Poder médio-baixo
- Diretor de marketing: Confiança média, Poder médio-alto
- Presidente do conselho: Confiança média, Poder alto

Quando você começa a criar sua rede de poder, mantenha distância de duas armadilhas muito comuns.

- *Poder:* é muito fácil confiar em uma ou duas pessoas para nos apadrinhar em uma organização. Isso nos torna dependentes e fracos, pois, se nosso padrinho mudar de departamento ou sair da empresa, enfrentaremos problemas. Além disso, também é fácil ignorar pessoas que possuem mais poder do que seus cargos podem indicar. Só porque não são do alto escalão não significa que carecem de poder ou influência. Elas podem ser os ouvidos do CEO ou talvez sejam os tecnocratas que podem dificultar nossa vida.
- *Confiança:* é da nossa natureza (humana) pensar bem a respeito de nós mesmos e de como somos vistos pelas outras pessoas. Tendemos a superestimar quanto os colegas confiam em nós. Eles parecem corteses e profissionais a nossos olhos. Não podemos ouvir o que realmente pensam. Ignore o que lhe dizem; concen-

tre-se na maneira como trabalham com você: dão duro para conseguir? São rápidos ou lentos para reagir aos pedidos de ajuda? Sempre o procuram para pedir ou oferecer ajuda e conselhos? Quanto você sabe da vida deles e do que os torna dignos de crédito?

Em relação a todas as pessoas necessárias a sua rede de poder, você deve ser capaz de completar a lista de verificação abaixo. A lista de verificação proporciona duas coisas. Primeiro, mostra quão realista é sua avaliação dos seus relacionamentos de poder: quanto menos você puder preencher, mais deve duvidar da força dos seus relacionamentos. Segundo, proporciona um guia rápido a respeito do que você precisa saber e os tipos de ação que precisa tomar para criar seus relacionamentos.

Lista de verificação de influência

Nome	Assuntos importantes
Cargo	Alertas
Telefone	Último contato
Celular	Próximos passos
Bússola de estilo (ver capítulo 9)	

Essa é uma lista que você deve ser capaz de completar de cabeça. Há riscos evidentes associados a preencher esse tipo de detalhes num notebook. A maior parte da lista é autoexplicativa. Os poucos itens que requerem algumas explicações são:

- *bússola de estilo*, exposta no capítulo 9. A ideia é identificar o estilo de trabalho da pessoa com quem você está lidando. Assim, você pode se adaptar a esse estilo, se necessário;

- *assuntos importantes*, isto é, prioridades, oportunidades e riscos que estão preocupando a pessoa. Se você souber qual é a agenda dessa pessoa, poderá elaborar o modo pelo qual encaixar sua agenda com a dela e como será capaz de ajudá-la;
- *alertas* são áreas interditadas. Podem incluir abominações referentes a pessoas, projetos ou problemas. Não entre em batalhas se não precisar;
- *último contato* é um item importante. Se você não tiver visto uma pessoa por um tempo, tome cuidado. Provavelmente, você não tem um bom domínio da sua agenda atual e o nível de confiança interpessoal pode ser superficial.

A seguir há um exemplo que Chris desenvolveu em relação ao seu CEO. Acrescentei em itálico algumas das verificações da realidade que esse perfil suscitou.

Lista de verificação de influência: Chris em relação a seu CEO

Nome: Scott X

Cargo: CEO

Telefone: xxxx xxx xxxx. PA: Maria

Celular: xxxxx xxxxxx

Bússola de estilo (ver capítulo 9): perspectiva de curto prazo; orientado por números; defensivo; muita necessidade de detalhes e controle. *(É assim que o CEO se comporta com todos ou apenas com Chris? Como as outras pessoas o enxergam? O marketing parece progredir bem com o CEO: por quê?)*

Assuntos importantes: obter lucros trimestrais; reunir-se com clientes, gostar imensamente de ópera; entreter-se e se misturar com pessoas importantes e influentes. *(Como diretor de vendas, Chris conhece muitas pessoas influentes fora da empresa; ele pode aproveitar esse fato, dar ao CEO o que ele quer, bajular seu ego oferecendo-lhe acesso a essas pessoas importantes.)*

Criando uma rede

> Alertas: não gosta de ser desafiado, especialmente em público. Considera qualquer coisa estratégica como desculpa para gastar mais dinheiro ou para explicar fracassos do passado.
>
> Último contato: diariamente (*Isso, em geral, é bom. Mas, no caso de Chris, a maioria dos contatos era de confronto. Chris e o CEO precisavam ter algumas conversas mais produtivas e interação social para criar um pouco mais de confiança.*)
>
> Próximos passos: prosseguir com as reuniões regulares. (*Essas reuniões diárias são destrutivas, pois acabam impedindo a argumentação. Chris precisa tornar o relacionamento mais produtivo, menos confrontador. Deve conscientizar o CEO a respeito da dinâmica do mercado, fazendo-o adotar uma visão mais estratégica. Talvez marcar alguns almoços com clientes importantes agradasse ao CEO, educando-o a respeito do mercado e mudando a natureza do diálogo que Chris tem com ele.*)

O propósito da lista de verificação de influência não é produzir outro formulário com quadros para verificar. Seu objetivo é esclarecer e desafiar seu pensamento a respeito dos seus relacionamentos com as pessoas que você precisa influenciar. O caso de Chris é típico:

- há uma incompatibilidade entre como ele enxerga o relacionamento e como o chefe enxerga o relacionamento. Chris deixou um relacionamento insatisfatório obscurecer seu julgamento;
- se há um problema no relacionamento, Chris assume o problema. Se você brigar com seu chefe, você sofrerá o problema e não o chefe;

> Se você brigar com seu chefe, você sofrerá o problema e não ele

- o relacionamento de Chris com o chefe é claramente diferente do relacionamento do chefe com os outros membros da equipe;
- a lista de verificação não fornece respostas automáticas. Estimula algum pensamento objetivo, criativo, a respeito de como mudar as coisas. Nesse caso, havia algumas medidas simples que Chris poderia ter adotado para mudar a natureza do relacionamento.

Resumo

Mapear sua rede de poder é uma espécie de verificação de estoque. Mostra o que você tem e do que precisa. É uma verificação da realidade; se você não tiver certeza se alguém está na sua rede, tome cuidado. É da natureza humana supor que somos todos bem conceituados, altamente confiáveis. A verdade é muitas vezes mais trivial: enquanto estamos no centro dos nossos pequenos mundos, dificilmente figuramos na tela de radar de muitos dos nossos colegas. Uma vez que temos nossa verificação de estoque funcionando, podemos começar a trabalhar no modo pelo qual tecemos nossa rede e como criamos as alianças e parcerias corretas, que são o foco do próximo capítulo.

CAPÍTULO 3

Construindo o compromisso incremental

Há uma grande diferença entre persuasão e influência. A persuasão estimula alguém a fazer algo uma vez. A influência estimula alguém a continuar fazendo algo e a continuar apoiando uma pessoa. Ela é duradoura e se baseia no compromisso voluntário. A influência é a doação que se mantém.

Há modos de persuadir as pessoas a fazer algo uma vez. Os falsos mendigos podem aliviá-lo de alguns dólares na rua; os vendedores domiciliares o persuadem a comprar coisas de que você não precisa; o vendedor da loja o convence a gastar mais dinheiro do que você pretendia. Há muitas táticas para alcançar esse sucesso isolado. É um trabalho árduo. Pode ser ainda mais duro persuadir a mesma pessoa uma segunda vez, pois ela se tornará mais cautelosa. Ao contrário, se você tiver influenciado bem um indivíduo, ele o procurará inúmeras vezes. A persuasão é um jeitinho; a influência é uma solução duradoura.

> A influência é a doação que se mantém

A construção de uma influência duradoura requer compromisso de ambas as partes. Aqui analisamos como criar um compromisso com base em um começo frio. O desafio é tornar-se o parceiro confiável de um estranho. Ele não o conhece, mas você quer seu apoio. Há cinco elementos para o processo de compromisso:

- o gancho;
- tornar o compromisso uma via de mão dupla;
- criar uma tribo: pertencimento, significado e reconhecimento;
- obter o compromisso cedendo o controle;
- compromisso público, desafio privado.

O gancho

O gancho oferece um motivo para nosso alvo nos encontrar e falar conosco. Dentro de uma empresa, ou com clientes estabelecidos, isso é direto. Na empresa há redes estabelecidas e agendas comuns que facilitam as conversas: no mínimo, você deve saber os endereços de e-mail e os números de telefone. Os clientes esperam as chamadas telefônicas e estas, muitas vezes, seguem um padrão regular. Ao ligar para novos possíveis clientes, abrir novos mercados e localizar os altos executivos, o gancho torna-se importante. Eles devem ter um motivo para responder-lhe e para encontrá-lo. É difícil porque:

- podemos não saber o tipo de gancho certo para nosso alvo;
- o acesso ao nosso alvo pode ser difícil, protegido por secretárias;
- na realidade, poucos de nós apreciam visitas-surpresa.

Na prática, há quatro ganchos estabelecidos que podemos utilizar com segurança:

- apresentações pessoais;
- oferta de solução de problema;
- enigma;
- pedido: conselho e contradição.

Construindo o compromisso incremental

Para ver como funciona o gancho, vamos considerar um exemplo real. Eu quis criar um banco. Isso exige um capital de 1 bilhão de dólares, no mínimo. Consultei minha conta bancária e faltavam, no mínimo, 999 milhões de dólares do capital necessário. Portanto, eu precisava encontrar um banco existente, que atuaria como sócio e investiria até 1 bilhão de dólares ou mais. Isso significava conversar com os CEOs de alguns bancos. Eu não só não possuía 1 bilhão de dólares como minha agenda telefônica não tinha o nome de nenhum CEO. Precisava de um gancho para despertar-lhes o interesse.

A primeira etapa envolvia encontrar algumas apresentações pessoais. Eis onde o jogo de Kevin Bacon é útil. Kevin Bacon é um astro de cinema. O jogo propõe que ninguém está há mais de seis graus de separação dele: o desafio é provar isso. Em 2009, o jogo foi colocado à prova pela BBC. A produção do programa entregou quarenta pacotes para pessoas em todo o mundo. O objetivo era fazer o pacote chegar a Marc Vidal, cientista em Boston, enviando o pacote para alguém que as pessoas já conheciam e que achavam ser mais próximas do cientista. De uma área rural perdida do Quênia e de outros lugares do mundo, o pacote precisou, em média, de seis etapas para chegar a Vidal. No entanto, dos quarenta pacotes iniciais, somente três alcançaram o destino final. Isso resume a natureza da rede-alvo. Pode haver apenas seis graus de separação entre nós e a pessoa que queremos encontrar, mas saber quais são as seis etapas é muito difícil. Podemos pegar a direção incorreta mais de nove vezes em dez. A jornada pode ser curta, mas não é fácil. Exige-se persistência.

A experiência de Vidal não foi incomum. A Microsoft investigou 30 bilhões de recados do seu serviço de mensagens instantâneas, utilizado por 180 milhões de pessoas, e descobriu que a separação média entre elas era de 6,6 passos. A boa notícia é que vivemos num mundo pequeno: se trabalharmos nele, poderemos achar um caminho até alguém que precisamos encontrar.

Na prática, isso significou que falei com muita gente a respeito de um novo banco. Se gostassem da ideia, seria natural perguntar se conheciam uma pessoa que podia ter interesse. Não restringi meu pedido a CEOs. Ficaria feliz de encontrar diretores de banco que integrassem a equipe ou validassem o plano, ou que me levassem um passo mais perto do CEO certo. Se não gostassem da ideia, podia perguntar se conheciam alguém que me orientasse a esse respeito. Ao abrir mão do grande pedido (apoio para o novo banco), eles retribuiriam atendendo ao pequeno pedido (dando o nome de mais algumas pessoas para conversar). No fim, encontrei o caminho correto para diversos CEOs.

Mesmo com uma apresentação pessoal, fazia sentido fortalecer o gancho com uma oferta de solução de problema. Essa é a base de muitas propagandas: utilize nosso produto para remover as manchas; nosso produto alivia dores de cabeça mais rápido; nossos computadores são mais leves e poderosos. Podemos não gostar dessas propagandas, mas funcionam. Temos um problema (roupas sujas, dor de cabeça etc.) e a propaganda oferece uma solução. Para ser realmente eficaz, a abordagem de vendas deveria ser pessoal. Assim, a etapa seguinte foi uma carta breve, que se assemelhou a esta:

> Prezado senhor XXXX,
>
> Estou escrevendo por recomendação de John Jones[1], que considerou que seria de benefício mútuo analisar uma nova proposta de negócio. Estamos[2] desenvolvendo um banco para o mercado de nível médio[3], que pode preencher uma lacuna em seu portfólio, entre seus bem-sucedidos negócios bancários para pequenas e médias empresas e para corporações[4]. Esperamos que o banco alcance lucros de 50 milhões de dólares por ano, sem contar os impostos, em até cinco anos[5]. Represento um grupo de altos executivos do setor bancário que desenvolveram essa proposta e podem formar uma equipe para trazer essa ideia rapidamente ao mercado[6].
>
> Inicialmente, seria bom termos uma primeira reunião[7] para discutir se essa ideia atende suas necessidades de portfólio atual e prioridades. Na próxima semana entrarei em contato com sua secretária[8] a fim de agendar um horário adequado[9].
>
> Atenciosamente,

Construindo o compromisso incremental

Nenhuma carta-gancho é perfeita, e não precisa ser. Na realidade, ela só precisa funcionar. A carta apresentada funcionou como um gancho. Os princípios subjacentes a uma carta também se aplicam a uma abordagem de vendas por telefone ou a qualquer outro contato inicial em que você precisa enganchar alguém. Na carta, os principais princípios subjacentes ao gancho estão numerados e são explicados a seguir.

1 A apresentação inicial funcionou para chamar a atenção. O CEO conhecia e respeitava John Jones (um cognome). O objetivo era impedir que a secretária jogasse a carta no lixo. Se escrever ou falar, você precisa passar da primeira frase. Uma primeira frase fraca não provoca interesse.

2 Observe o verbo positivo. Nem "podemos", nem "esperamos", nem "pensando a respeito". Estamos fazendo; a única dúvida é com quem. Se você recusar, seus arquirrivais podem decidir se tornar sócios. Na realidade, ainda estamos na etapa da expectativa e do desejo. Confiança no projeto, sem incerteza.

3 Seja muito claro a respeito da ideia, para que a pessoa saiba que é específica e a compreenda.

4 Escreva uma carta muito personalizada. Seja positivo acerca do portfólio existente; caso contrário, você estimulará uma reação defensiva e uma rejeição.

5 Dimensione o prêmio: vale a pena o CEO sair da cama para isso. Não é algo para um analista auxiliar examinar. Responde à pergunta: "Por que devo me dar ao trabalho?"

6 Seja convincente: mostre que há suporte, ímpeto e compromisso. Na realidade, os altos executivos do setor bancário estavam interessados, mas não abandonariam seus empregos até um negócio ser fechado. Isso responde à pergunta: "Acredito no que está sendo dito?" Em outros tipos de abordagens de vendas, os endossos de chefes, clientes, especialistas e estrelas dos esportes podem funcionar.

7 Eis um convite fácil: invista uma hora do seu tempo para ver se você quer ganhar 50 milhões de dólares por ano. Esse é o primeiro passo do compromisso incremental.

8 A carta não será lida pelo CEO, mas pela secretária. Comprometa-se com o acompanhamento. Se você acompanhar, e ela tiver esquecido ou ignorado sua correspondência, você deve reenviá-la. Na segunda vez, ela levará a carta a sério, pois agora sabe que você faz o acompanhamento. Então a mostrará para o CEO e pedirá conselhos. A tarefa mais difícil pode ser superar a mesa da secretária.

9 Não se alongue. Quanto mais escrever, mais coisas haverá para discordar ou desgostar.

Nem sempre podemos balançar um gancho de 50 milhões de dólares na frente de alguém. Às vezes não podemos oferecer uma solução para um problema. Então, precisamos encontrar outro tipo de gancho. Há duas alternativas para nós.

Podemos apresentar um enigma. Podemos dividir um pouco do que temos a oferecer como cortesia. Se gostarem do que vêem, podem solicitar um encontro e descobrir mais. Os enigmas são coisas comuns. Por exemplo:

- empresas de pesquisa oferecem um resumo dos resultados gratuitamente. O relatório completo custa o preço integral. Você pode ler uma parte de um livro na Amazon como cortesia e, em seguida, decidir se quer se comprometer a pagar por todo o livro;
- amostras grátis de produtos, *test-drives* de carros são maneiras simples e honestas de deixar as pessoas tomar uma decisão antes de assumir um compromisso maior;
- empresas de consultoria oferecem um diagnóstico inicial por baixo custo ou gratuitamente; elas sempre acham problemas que, felizmente, conseguem solucionar. Por um certo preço.

Construindo o compromisso incremental

Há ainda um modo mais fácil e muitas vezes melhor de enganchar as pessoas. Em vez de lhes oferecer algo, solicite algo. Em geral, a única coisa que as pessoas gostam de dar é um conselho. Quando damos conselhos, mostramos o valor da nossa capacidade de julgamento, além de nossa qualificação e nosso conhecimento acerca do assunto. Ao pedirmos conselhos, agradamos alguém.

Há dois modos de agir, nesses casos:

- pedir conselhos;
- estimular a contradição.

Pedir conselhos

Pedir conselhos é tão simples quanto parece. Eu queria conquistar alguns clientes franceses. Assim, escrevi para diversos alvos, informando que estava fazendo uma pesquisa a respeito da questão da liderança anglo-francesa.

> Pedir conselhos incensa delicadamente a vaidade dos administradores

A teoria era que a França possuía um modelo de liderança diferente e potencialmente melhor do que o do Reino Unido. Poderia discutir isso pessoalmente com eles? Como um *teaser*, que reforçava minhas credenciais, enviei um artigo com o resumo das minhas constatações acerca da liderança anglo-saxônica. Quanto mais experientes eram os executivos franceses, mais felizes ficaram de me conhecer e me dizer exatamente por que a liderança francesa era superior a qualquer coisa que os nefandos britânicos podiam imaginar. Pedir conselhos, agradar e o gancho cumpriram sua missão.

Em uma empresa, a maior parte da alta direção fica empolgada ao oferecer o benefício da sua sabedoria. Custa-lhes pouco e reforça sua autoimagem como pessoas respeitáveis, importantes e instruídas. Pedir conselhos incensa delicadamente a vaidade dos administradores e gera uma conversa mais produtiva do que se arriscar a dar conselhos. A maldição das pessoas inteligentes é que elas gostam de mostrar que são inteligentes. As pessoas realmente inteligentes possuem autoconfiança para evitar essa armadilha e aparentam humildade.

> As pessoas raramente se opõem a algo que sentem possuir e controlar

Se você pedir conselhos, faça isso desde o início. Não se trata apenas de "afagar" egos. Também funciona porque você dá ao seu colega um sentido de controle e influência sobre o resultado. Se ele controlar o resultado, será seu dono. As pessoas raramente se opõem a algo que sentem possuir e controlar. Quanto mais tarde você pedir conselhos, menos influência seu colega terá sobre o resultado e menos compromisso sentirá em relação a ele.

Fui solicitado a realizar uma avaliação para um banco. Fiz e achei que realizei um bom trabalho. A análise foi totalmente rejeitada pelo departamento financeiro. As contas bancárias são misteriosas: o arrocho do crédito sugere que poucos executivos financeiros entendem muito bem suas próprias contas bancárias. Os sumo sacerdotes das finanças podem demolir uma análise de sua posição, realizada por uma pessoa de fora, com facilidade.

> Nunca discuta com bebês, motoristas de táxi ou Deus

Mesmo se eu estivesse certo, eles poderiam provar que eu estava errado. Há um princípio geral que é: nunca discuta com bebês, motoristas de táxi ou Deus; mesmo se você estiver certo, isso não o ajudará em nada. A essa lista você pode acrescentar atuários, especialistas financeiros e outros especialistas técnicos. Nunca discuta com eles a respeito dos seus assuntos técnicos favoritos.

Apesar dessa experiência humilhante, pediram-me para repetir o trabalho para outro banco. Dessa vez não cometi erros. Marquei uma reunião com o departamento financeiro, que revisaria e verificaria a avaliação final. Eles comentaram com muito entusiasmo as relações entre capital de nível 1 e de nível 2. Fiz o melhor para aparentar interesse. Em seguida, durante a realização do trabalho, fiz contato com eles periodicamente, para pedir mais conselhos. No momento em que produzimos a avaliação final, eles a sentiram como sua. Endossaram-na com veemência e o conselho a aceitou sem nenhum questionamento.

Peça conselhos desde o início e continue pedindo. Divida a posse do resultado final com todos aqueles que possam sabotar ou endossar o resultado.

O princípio da contradição

Às vezes, contudo, há um jeito ainda melhor de enganchar as pessoas: estimulá-las para que nos contradigam. Isso parece estranho, mas funciona do mesmo modo que o gancho associado ao conselho. Quando elas o contradizem, estão mostrando sua sabedoria inata, sua qualificação e superioridade. O truque é fazer com que discordem de alguma coisa da qual você também discorda. Então, elas defenderão veementemente a ideia que você quis lhes apresentar. Se você lhes apresentar a ideia original, o único modo que elas têm para expor sua superioridade é encontrando erros nessa ideia. Ao oferecer-lhes a chance de o contradizerem, elas defenderão a sua ideia e terão se comprometido sem nenhum esforço com sua tese.

Decidi realizar um trabalho sobre equipes globais. A maioria das grandes empresas possui equipes transnacionais, e a maior parte delas entra em conflito. É um problema comum: assim como meus prováveis clientes, eu não tinha nenhuma ideia a respeito da solução. O desafio era engajá-los como clientes. Se eu fosse aos clientes com a abordagem de pedir conselhos para a solução do problema, não chegaria a lugar nenhum. Tentei isso e falhei. Primeiro, eles negaram ter um problema. Segundo, pediram uma solução que, em seguida, rejeitaram. Não foram conversas agradáveis.

Então, era o momento de adotar o princípio da contradição. Eis como o apresentei na conversa, no momento certo:

> Muitos clientes estão tentando fazer suas equipes globais funcionar... Veja bem... Sua empresa é global há muito tempo... Então, a essa altura, você já deve ter decifrado o problema...

Em geral, isso produz olhares em volta e uma aparência de absoluta descrença. O cliente, então, descreve detalhadamente o pesadelo que é tentar fazer as equipes globais funcionar. Eles realizam a abordagem de vendas para mim. O gancho funcionou e o caminho ficou livre para discutir por que as equipes globais são tão difíceis e o que pode ser feito a respeito. A contradição enfática leva diretamente a um acordo enfático.

O princípio da contradição pode ser utilizado em qualquer fase do processo de compromisso. É um modo maravilhoso de fazer as pessoas defender a ideia que você teve. Isso possibilita que elas se abram e comecem a falar, e permite que reforcem a autoimagem.

Tornar o compromisso uma via de mão dupla

O compromisso é uma via de mão dupla, mas é, muitas vezes, tratado como uma via de mão única. O objetivo do processo de compromisso é alcançar o status de parceiro confiável. Como parceiro confiável, você trabalhará junto, como igual, para um objetivo comum. Se vocês forem iguais e trabalharem juntos, terão de estabelecer esse hábito mental desde o início. Em geral, isso não é perceptível. Algumas pessoas exigem compromisso, enquanto outras se comprometem sem reciprocidade. Os compromissos de via de mão única não são saudáveis nem possibilitam a obtenção de influência.

Tudo isso é óbvio, mas, como George Orwell escreveu, "enxergar o que está diante do nariz exige esforço constante". O objetivo é evidente, mas muitas pessoas não se apercebem disso. Além disso, alcançar o objetivo é muito mais difícil do que declarar isso. Em diversos casos, o compromisso acaba como uma via de mão única.

A maioria das empresas possui alguns sociopatas (o que, frequentemente, inclui o CEO) que acreditam que o compromisso é sempre uma via de mão única: exigem lealdade e dedicação total e simplesmente não entendem que a lealdade tem de ser recíproca.

Construindo o compromisso incremental

Para eles, ser um membro da equipe significa "você aceita minhas ordens ou você não fica na minha equipe". O "toma lá dá cá" significa dar ordens e responsabilizar, mas assumindo todo o crédito. Raramente são relacionamentos agradáveis, exceto para o sociopata, que ficará muito feliz com a maneira pela qual o mundo gira ao seu redor.

> O "toma lá dá cá" significa dar ordens e responsabilizar, mas assumindo todo o crédito

A via de mão única mais comum é aquela em que assumimos todo o compromisso. É aquela em que participamos do jogo nas mãos dos sociopatas e dos meramente ociosos. Em nosso desejo de impressionar e apresentar nossa capacidade, trabalhamos cada vez mais duro para mostrar o que podemos fazer. Acabamos em um relacionamento muito disfuncional. Toda vez que causamos alguma impressão, simplesmente despertamos expectativas. Isso nos força a trabalhar mais arduamente do que nunca, e não recebemos nada em troca. Não criamos uma parceria de influência; tornamo-nos escravos motivados. A influência se baseia na parceria do compromisso e da obrigação mútuos.

Para criar o compromisso mútuo temos de solicitar o compromisso do outro lado, e isso pode parecer muito artificial. A maioria das pessoas não gosta de se impor sobre outras, a menos que haja uma necessidade clara. Bem, há uma necessidade clara: a menos que os dois lados façam um esforço mútuo, não pode haver parceria de confiança. Isso é tão verdadeiro em relação a parcerias matrimoniais como em relação a parcerias de negócios.

O processo de compromisso mútuo deve começar desde o primeiro encontro. A natureza do relacionamento precisa ser estabelecida de imediato. Quanto mais tarde você deixar para fazer isso, mais difícil será mudar a natureza do relacionamento. Na prática, isso significa que você tem de pedir alguma coisa no primeiro encontro. Pode ser apenas um esforço simbólico, mas define o tom e as expectativas futuras: isso é uma parceria e não um relacionamento de escravidão. Aqui estão algumas coisas simples que pedi para os clientes fazerem para mim após os primeiros encontros:

- repassar um link de um artigo que o cliente mencionou;
- esclarecer alguns dados que discutimos;
- verificar e relatar os pontos de vista de dois colegas.

Essas pequenas tarefas são um primeiro grande passo. O parceiro fez a transição fundamental: de passivo, tornou-se ativo. Como parceiro passivo, age mais como juiz e júri. Pode se entreter ou ficar impressionado com seu desempenho. No entanto, não está ajudando esse desempenho. É espectador em vez de parceiro, e você terá pouca influência sobre ele. Ao torná-lo um parceiro ativo, mesmo de modo reduzido, você colocou o relacionamento numa trajetória muito mais produtiva.

Assim que seu cliente ou colega fizer algum dever de casa para você, será constituída uma plataforma para criar um compromisso de mão dupla. Nesse momento, você está na posição de elogiá-lo e agradecer-lhe pelo trabalho. Fazer um elogio é uma posição de poder: é um modo positivo de expressar uma opinião forte. Ao fazer um elogio, você igualou o que pode ter começado como um relacionamento desigual. Você também criou a desculpa para retribuir com um favor próprio e para investigar mais ideias. O processo de olho por olho, dente por dente começou. A expectativa de que vocês se ajudarão mutuamente foi definida. A via de mão única está virando uma via de mão dupla, mas você precisa expandir mais esse novo contrato psicológico.

> Fazer um elogio é uma posição de poder: é um modo positivo de expressar uma opinião forte

Em uma etapa inicial, marque um encontro longe do território doméstico do cliente. "Inicial" significa o segundo encontro. Quando o cliente (ou colega) o recebe no escritório, está em seu território. Você é o visitante admitido, e ele é o anfitrião polido (ou não tão polido). A relação com um convidado-visitante não é uma parceria. Você precisa quebrar rapidamente esse hábito mental. Arranje uma desculpa para um encontro no seu território ou em um território neutro: no refeitório ou no restaurante. Depois que ele se afastar do território próprio, a natureza do relacionamento muda. Nesse momento, vocês são mais iguais trabalhando juntos. A conversa se altera. Em vez de girar sobre o que você fará para ele, passa a ser o que vocês podem fazer juntos. Ambos migram com mais facilidade para o modelo de parceria, no qual você pode começar a ter uma influência real.

Criando uma tribo: pertencimento, significado e reconhecimento

Em diversas empresas a lealdade é uma via de mão única: a empresa exige lealdade, paixão e compromisso até o momento do enxugamento, da reengenharia, da terceirização ou, simplesmente, da demissão. O amor platônico e a lealdade não correspondida raramente duram muito. Para manter o compromisso, os administradores precisam tanto dar como receber.

> A lealdade é uma via de mão única

Há duas necessidades básicas a serem satisfeitas por qualquer empresa ou administrador para a geração de um compromisso voluntário:

- pertencimento e significado — pertenço a uma comunidade à qual vale a pena pertencer;
- reconhecimento — sou reconhecido e valorizado por aquilo que sou.

Pertencimento e significado

O instinto tribal funciona profundamente. Todos nós temos a necessidade de pertencer a um grupo. O desejo de pertencer é universal. O modo como nos vestimos expressa nossa tribo. As forças armadas tomam muito cuidado para mostrar a que tribo militar cada um pertence mediante uma variedade de uniformes cuidadosamente diferenciados. A tribo corporativa possui códigos de vestuário sutis, que variam de acordo com o tipo de negócio, função, nível e ocasião. Até mesmo os adolescentes rebeldes investem muito tempo e dinheiro para adquirir uma identidade que lhes permite pertencer a uma das tribos, sempre em mudança, da moda e da música adolescente. Felizmente, a maioria dos administradores não precisa ir à guerra ou voltar a ser adolescente para entender e utilizar o poder associado ao pertencimento e seu significado.

O poder do pertencimento respalda a lealdade até mesmo nas condições mais adversas. Os fãs do esporte são um bom exemplo. Na década de 1980, por exemplo, o New Orleans Saints, time de futebol americano, era tão malsucedido que ficou conhecido como o "Ain'ts" (algo como "não existe"). Seus torcedores envergonhavam-se tanto que alguns cobriam a cabeça com sacos de papel. No entanto, continuaram apoiando a equipe, mesmo que fosse doloroso. Os fãs do esporte se identificam com seu time: os campeões levam seus torcedores a se sentir como vencedores. Já os perdedores fazem seus torcedores cobrir a cabeça com sacos de papel, para manter o anonimato.

Existem organizações que forjam um espírito de equipe extraordinário e conquistam um compromisso fora do comum dos funcionários. Muitas dessas organizações são empresas de elite; os funcionários da McKinsey ou do Goldman Sachs sentem que integram uma elite e se esforçam para manter esse status. Contudo, você não precisa pagar imensos salários para criar um espírito de equipe e um senso de pertencimento a algo especial. Os soldados da maioria dos regimentos britânicos são mal pagos, mas sentem muito orgulho do seu regimento e das centenas de anos de tradição que representam. De modo mais trivial, a organização Teach First é um exemplo de como o senso de pertencimento a algo especial cria um espírito de equipe e um compromisso voluntário extraordinário.

A Teach First talvez tenha a proposta de recrutamento menos atraente do mundo para recém-formados: nem emprego, nem alto salário em bancos ou empresas de consultoria. De fato, o recém-formado deve trabalhar como professor nas escolas do ensino médio mais desafiadoras do Reino Unido. Agora, considere a proposta de outro ponto de vista. Se ingressar na Teach First, você:

- vai se associar a uma elite;
- será treinado para ser um líder do futuro, na educação, nos negócios etc.;
- fará algo que vale a pena;
- trabalhará com outras pessoas excepcionais como você;
- fará algo de alto valor social e respeito: a organização é apoiada por primeiros-ministros e pela realeza;
- ganhará uma experiência que os principais empregadores valorizam muito: a maioria das grandes empresas de recrutamento de recursos humanos patrocina e apoia a Teach First.

Desse ponto de vista, a Teach First é muito atraente. Todos os anos, de 5% a 10% dos alunos do último ano da Oxford e da Cambridge candidatam-se a participar do programa da organização. As mensagens que a Teach First utiliza são as mesmas que qualquer administrador pode usar para criar um senso de pertencimento:

- Nós estamos fazendo algo especial e que vale a pena.
- Nós somos uma elite capaz de executar essa grande tarefa.

Na maioria das empresas há equipes que, sem dúvida, parecem especiais, sentem e agem como se fossem especiais. Seus membros possuem uma lealdade ardorosa uns com os outros e trabalham duro para alcançar seus objetivos. Pode ser um grupo desenvolvendo um novo produto, ou uma equipe de criação que trabalha em uma campanha publicitária brilhante, ou um grupo de TI que realiza grandes coisas com tecnologia. Os dois truques para conquistar esse senso específico de pertencimento são:

- mostre que a equipe está fazendo algo especial e que vale a pena;
- diga aos participantes que eles formam um grupo especial.

Quando as pessoas dispõem desse senso de pertencimento, o compromisso é voluntário e elas passam a se autorregular. Não trabalham porque o chefe ordenou e sim porque não querem desapontar seus colegas nem se desapontar. A pressão do grupo de iguais é muito maior do que a pressão do chefe. A pressão do chefe relaciona-se com a obediência, ao passo que a pressão do grupo de iguais é acerca de compromisso.

Quando as pessoas têm um senso de pertencimento, até mesmo o trabalho trivial torna-se significativo. Há uma história conhecida a respeito de um rei que visitava um local em construção na Idade Média. O rei perguntou a um homem que trabalhava, que parecia mal-humorado e infeliz, o que ele estava fazendo. "Estou ficando gripado movendo montes de terra", foi a resposta. O rei fez a mesma pergunta a um outro homem. "Construindo um edifício, não está vendo?", foi a segunda resposta. O rei fez a mesma pergunta para outro homem. Este homem parecia cheio de energia e entusiasmo, trabalhando duas vezes mais arduamente do que os outros, e respondeu com empolgação: "Estou servindo a Deus e construindo um templo para que as gerações futuras possam rezar para Ele. Esse é o meu monumento". Mover montes de terra possui pouco significado, enquanto construir uma catedral possui grande significado. O mesmo trabalho pode fazer sentido ou não. Dê sentido ao trabalho e o compromisso aumenta.

O *reconhecimento* é uma ferramenta que está à disposição de todos os influenciadores. Quando lembramos as pessoas que nos influenciaram de forma positiva, provavelmente pensamos em professores, pais ou até mesmo colegas e chefes que reconheceram nossos talentos e desculparam nossos defeitos sem importância. Reagimos bem ao reconhecimento. Pouquíssimas pessoas acham que são reconhecidas como devem por seus talentos e

> A maioria das pessoas se julga subestimada e muito pouco reconhecida

contribuições; a maioria se julga subestimada e muito pouco reconhecida. Essa é uma oportunidade maravilhosa para um influenciador, pois permite que ele preencha um vazio na vida de uma pessoa e se destaque em relação a outras, que não proporcionam suficiente reconhecimento.

O reconhecimento é uma forma de arte, e pode ser insatisfatório ou satisfatório. Feito de modo insatisfatório, é falso e parece falso. Os administradores superficiais, que estão sempre tecendo elogios condescendentes e genéricos, logo perdem a credibilidade. O elogio adequado é específico, pessoal e detalhado. Por exemplo, se alguém o ajudar, explique:

- por que a ação foi útil;
- o que, exatamente, foi útil em relação ao resultado esperado.

O reconhecimento particular é um começo; o reconhecimento público é ainda melhor. Para constatar essa influência, devemos observar Francis em ação. Ele é um gênio, o que significa que é inteligente o suficiente para não mostrar o quanto é inteligente. Se ele se mostrasse, simplesmente incomodaria alguém. Sempre que há uma discussão difícil, Francis fica em silêncio. Deixa que todas as outras pessoas brilhantes e opiniosas presentes na sala falem e discutam umas com as outras, até uma paralisação. No impasse, Francis finalmente se manifesta e se oferece para resumir a discussão. Ao longo do seu resumo, recorda cuidadosamente o *insight* ou a contribuição brilhante de cada pessoa: se elas só disseram uma única coisa inteligente com a qual ele concorda, Francis trará de volta esse argumento. Enquanto faz seu resumo, cada pessoa em volta da mesa estufa o peito com orgulho. Cada uma delas acabou de ser reconhecida, em público, por sua contribuição e *insight*. No momento em que Francis finaliza sua fala, todos a respaldam; ninguém vai discutir contra aquilo que disse. Evidentemente, o resumo de Francis é seletivo: trata-se de um relato do que ele queria no início da reunião.

No entanto, ele nunca precisa defender sua posição. Ao oferecer reconhecimento público para todos, forja o comprometimento das pessoas com sua ideia.

Há muitas outras maneiras de proporcionar reconhecimento público, até mesmo para pessoas que podem não concordar com você. Voltemos a Francis para entender seu modo tortuoso de forjar compromissos. Ele queria conquistar apoio para uma nova iniciativa no mercado. Era um pesadelo político, que ultrapassava as fronteiras da organização e os interesses estabelecidos. Depois de algum tempo, percebi que Francis produzia uma corrente de relatórios de progresso. Em cada relatório, mencionava de modo destacado a contribuição magnífica de uma ou duas pessoas que tinham fornecido alguma análise, *insight* ou apoio. Francis agradecia até seus adversários. O truque era encontrar um adversário favorável no meio de todos os antagonistas e chamar a atenção para isso (embora tomando cuidado em reconhecer que os outros também tinham identificado diversas outras questões a abordar). Esse elogio público ajuda Francis de três maneiras:

- focaliza o debate nos acordos e não nos desacordos;
- cria uma dívida emocional das pessoas elogiadas em relação a quem as elogiou;
- cria a impressão de um efeito dominó.

Como sempre, Francis encontrou o caminho não pela genialidade da sua lógica, mas pela genialidade do processo que utiliza. Forjou um compromisso voluntário por meio do reconhecimento e do elogio. Francis converteu adversários em aliados, o que tornou muito simples vencer o caso lógico.

A habilidade de elogiar a única coisa positiva no meio de inúmeras coisas negativas é a arte do salvamento simpático, que foi aperfeiçoada pela P&G. Éramos apresentados a campanhas de propaganda extravagantes, criativas, brilhantes e completamente imprestáveis. Se criticássemos essas campanhas, os egos frágeis, mas imensos, da equipe de criação teriam um ataque de raiva. Então, em vez disso, usávamos o salvamento simpático. Identificávamos uma ou duas coisas positivas na ideia (por exemplo, incomodava mencionar nossa marca no meio de hipopótamos de óculos escuros dançando em fila) e conseguíamos que eles desenvolvessem os aspectos positivos. Isso os tornava mais abertos a desistir da presença dos hipopótamos na cena. Sempre procure os aspectos positivos, elogie e reconheça. As pessoas ficam menos defensivas e mais abertas à mudança quando sentem que seus talentos e esforços extraordinários foram reconhecidos corretamente.

O reconhecimento não precisa ser tortuoso. Também pode ser simples e direto. John Timpson possui uma cadeia de quatrocentas sapatarias, que ostentam seu nome. O trabalho do sapateiro não é glamoroso. Muitas das sapatarias não são mais do que buracos negros numa parede. O fundamental não é um grande conserto de sapato, mas sim um grande serviço de atendimento ao cliente. O problema é que os sapateiros se relacionam mais com as solas (*soles*) do que com as almas (*souls*); ou seja, lidam com sapatos melhor do que com as pessoas. Timpson não pode controlar o serviço de atendimento ao cliente em quatrocentas sapatarias. Precisou desenvolver o compromisso com todo seu pessoal. Para Timpson, o compromisso resulta do próprio reconhecimento público em relação a comportamentos corretos. Ele percorre o país com o porta-malas do carro cheio de prêmios e seu objetivo é fazer dez vezes mais elogios do que críticas: a crítica gera controle, enquanto o elogio gera compromisso. Ele precisa do compromisso, pois o controle e a cultura da obediência não favorecem um grande serviço de atendimento ao cliente. O poder do reconhecimento, reforçado com prêmios anuais, boletins informativos e outras formas públicas de reconhecimento motivam o compromisso voluntário e os níveis desejados de serviço.

> A crítica gera controle, enquanto o elogio gera compromisso

Obter o compromisso cedendo o controle

O controle administrativo é visto como benéfico: os administradores que não estão no controle não fazem um bom trabalho. Desse simples ponto de partida, surgem diversos infortúnios. Muitos administradores acham que controle significa relatar, medir, monitorar, avaliar e elogiar ou repreender. Isso é controle, mas é alienante, pois os funcionários preferem merecer a confiança a ser controlados. O desenvolvimento da tecnologia significa que, atualmente, o nível de divulgação de informações e controle está muito além dos sonhos mais loucos do maior obcecado por controle do passado. No tempo da caneta, do papel e do trem a vapor, a divulgação de informações tinha de ser menos frequente e menos intensa. O discurso da administração moderna fala de delegação de poderes e da participação de todos, mas pratica o controle; vivemos em uma época de falta de confiança.

> Os funcionários preferem merecer a confiança a ser controlados

> O discurso da administração moderna fala de delegação de poderes e da participação de todos, mas pratica o controle

Há uma alternativa ao controle administrativo intenso: o autocontrole e o controle pela pressão do grupo. Essas formas de controle são voluntárias e levam a uma cultura de compromisso, não a uma cultura de obediência. Em um nível básico, a maioria das pessoas deseja ter o controle de sua vida e do seu trabalho. Se estivermos sendo controlados por alguém, tendemos a nos ressentir.

Os bons influenciadores utilizam o conceito do autocontrole para induzir o alto compromisso e a alta performance. É o controle por meio do "deixar fluir", ao menos até certo ponto.

O poder do controle mediante o autocontrole ficou muito evidente em uma fábrica de automóveis, onde era gravado um filme para a tevê. A fábrica tinha passado pela revolução da gestão da qualidade total (TQM — *total quality management*). Nas tabelas de confiabilidade da JD Power, os veículos subiram dos índices mais baixos para os mais altos. Há muitos elementos da TQM que os especialistas comentarão com bastante interesse. Entre eles destacam-se: medição, projeto de qualidade, qualidade Seis Sigma, consistência do processo, eliminação de erros, não esperar para inspecionar e reparar os erros no fim do processo. No entanto, na linha de produção, a revolução acontecera nas pessoas e na natureza do controle.

Frank trabalhara na fábrica durante trinta anos. Lembrava-se dos velhos e difíceis tempos. Os supervisores supervisionavam, os inspetores inspecionavam e os operários eram tratados como máquinas mudas e não confiáveis, que deviam ser monitoradas de perto. Era uma cultura de obediência, que estimulava a guerra entre os operários e a administração: não é de estranhar que a qualidade do produto fosse horrível. Com a TQM, o centro do poder mudou. Subitamente, Frank e seus colegas da linha de produção se tornaram responsáveis pela qualidade. Em cada estação de trabalho havia um mural com gráficos que mostravam o desempenho. Os dados não eram informação privada dos supervisores e dos inspetores (em geral, estes foram eliminados). Os dados de cada grupo de trabalho eram públicos. Com orgulho, Frank mostrou-me todos os dados. Era a chance de expor o bom desempenho da sua equipe. Havia rivalidade com outros grupos de trabalho para ver quem se saía melhor; ninguém queria pertencer a uma equipe que deixava seus colegas desapontados.

Com a mudança de poder e controle, Frank e seus companheiros passaram a ver-se de modo diferente. Eles não eram mais as vítimas da administração insensível e inútil. Viraram defensores da qualidade e da produção; estavam no controle do seu próprio destino. Ao passar de uma cultura de obediência para a de compromisso, a companhia se salvou.

A história de Frank não é exceção. Em Chicago, uma antiga fábrica de produtos de limpeza enfrentava problemas. A produção de alguns produtos estava sendo transferida para outras unidades do mesmo grupo. Um novo produto era desenvolvido pela organização, mas a fábrica de Chicago teria de disputar sua produção com as demais unidades. Com uma indústria antiga e relações trabalhistas antiquadas, as chances eram mínimas. A administração e os operários nem mesmo concordavam com a duração dos intervalos durante a jornada de trabalho, quanto mais em relação às mudanças das práticas de trabalho para ganhar a disputa. Assim, a administração tomou uma decisão radical: decidiu se afastar por seis semanas e deixar os operários descobrirem se e como deviam participar da disputa. Seis semanas depois, os operários haviam transformado suas próprias práticas e apresentaram uma proposta vencedora. Também redefiniram o trabalho da administração, que precisou negociar seu retorno. Quando a administração controlava a fábrica, os operários não tinham posse nem compromisso. Quando perceberam que se tratava de *sua* fábrica e de *seu* problema, eles se tornaram defensores zelosos das melhores práticas de trabalho.

No Brasil, o nada glamoroso mundo da fabricação de bombas hidráulicas não é o lugar evidente para começar uma revolução administrativa. No entanto, Ricardo Semler, que dirige a Semco, tornou-se um heroi popular por administrar ao estilo "deixar fluir". Ele sustenta que não tomou nenhuma decisão em doze anos. Os operários tomam todas as decisões: salários, condições, contratação de administradores. E tudo começou com o refeitório. Como em diversas empresas, todos gostavam de reclamar sobre o refeitório. Semler ficou tão incomodado com isso que disse que os operários podiam dirigir o lugar. As reclamações cessaram, e o refeitório melhorou. Desde então, Semler descobriu o poder de ceder o controle.

O compromisso voluntário não diz respeito somente a dinheiro, como demonstram os operários da fábrica de automóveis, os fãs do esporte e as diversas organizações de voluntários. Precisamos olhar além do dinheiro se queremos forjar um compromisso duradouro. Isso também serve para a maioria dos influenciadores, pois, em geral, não estamos na posição de subornar colegas ou clientes.

Ceder o controle é como delegar. Você pode delegar controle, mas não pode delegar responsabilidade. No entanto, você muda a natureza do seu papel. Deixa de agregar valor dando ordens, controlando, medindo e avaliando. Você agrega valor apoiando e orientando, eliminando obstáculos políticos, assegurando recursos

> Você pode delegar controle, mas não pode delegar responsabilidade

e gerenciando outros grupos de interesse, como a alta administração. Em outras palavras, você cria um novo papel quando agrega valor real à equipe em vez de simplesmente ser outro nível da burocracia. Delegar o controle não elimina a administração; ao contrário, aprimora o seu papel.

Compromisso público, desafio privado

Imagine uma empresa que dispõe de um processo de admissão completo. Primeiro, há uma reunião normal a respeito de segurança e saúde do trabalho. Em seguida, todos os homens são levados para uma sala. Ali, têm de tirar a roupa. Um por um, são levados a um banco manchado de sangue, onde uma pessoa de aparência diabólica mostra uma faca e pratica a circuncisão em cada um, na frente de todos os outros novos funcionários. Se alguém gritar de dor, será reprovado. Todos são deixados ali durante a noite para que as feridas cicatrizem. Aqueles aprovados têm seus corpos pintados e, depois, passam os próximos trinta dias circulando no escritório só usando a pintura corporal. Todos podem ver claramente que eles passaram no teste da circuncisão. Após alguns outros testes, os aprovados devem mordiscar uma garota do escritório. Essa é uma empresa que pode não recrutar muitas pessoas, mas aqueles que são selecionados ficam profundamente comprometidos.

A empresa se chama Dogon. Os Dogon são membros de uma sociedade tradicional que habita o cerrado da região subsaariana do Mali. O ferreiro local realiza a circuncisão sobre uma pedra manchada de sangue. As rochas próximas são cobertas com murais: um deles mostra uma cobra comprida, que come a pessoa reprovada no teste. Outros murais representam diversas famílias ou recontam os segredos e as lendas dos Dogon, povo ao qual os jovens serão introduzidos. Os Dogon não são o único povo a ter ritos de passagem elaborados. Outros ritos brutais podem ser encontrados nas sociedades mais tradicionais da África, da Austrália e do Pacífico Sul. Ritos de iniciação e cerimônias de passagem um pouco menos brutais são comuns nas forças armadas e até em fraternidades masculinas e femininas no campus universitário.

Em cada sociedade, o pertencimento, além de ser bom, também é fundamental para a sobrevivência. Ser expulso dessas sociedades significa morrer. O pertencimento torna compensador, para os membros ambiciosos da tribo, passar por esses ritos desagradáveis. Igualmente, o compromisso reforça o senso de pertencimento. O compromisso público e o pertencimento reforçam um ao outro.

Os compromissos públicos são poderosos: não oferecem retorno. Certa vez, por exemplo, cometi o erro de participar de uma maratona. Treinei e percebi que era muito parecido com trabalho duro, e eu não tinha tempo. Desisti da ideia. Então, cometi o mesmo erro novamente, com um agravante. Dessa vez, contei para quatro colegas que iria correr. Eles riram e contaram para todo mundo: quando desafiado, confirmei que participaria da maratona. Subitamente, estava comprometido. Não havia retorno nem desculpas. Desapontar a mim mesmo não é muito bom; desapontar todos os demais é muito pior. Então, treinei, corri e terminei a maratona. E nunca cometerei o mesmo erro uma terceira vez.

O princípio do compromisso público corre nos dois sentidos. Pode ser positivo ou negativo. Depois que uma pessoa assume uma posição em público, descobre que é muito difícil se livrar dessa posição. Passará por situações intelectuais mais ou menos difíceis para justificar o que disse ou fez. A necessidade da autojustificação se manifesta claramente no grupo de discussão de donos de veículos *off-road*, em Londres. Não há muita necessidade de ter um *off-road* de tamanho descomunal na cidade. Quando questionados a respeito dos aspectos ambientais de dirigir um carro como esse em Londres, esses proprietários tornam-se briguentos. As respostas foram:

- um carro com uma família é muito melhor do que todos os ônibus que nunca têm ninguém dentro;
- os antigos Land Rovers possuem o mesmo chassi de um novo Mini;
- percorremos somente 10 mil quilômetros por ano, o que é muito mais responsável do que as pessoas que percorrem 65 mil quilômetros por ano com um carro menor;
- ao menos não andamos muito de avião;
- os carros elétricos são ainda piores por causa do descarte da bateria e das emissões de todas as estações de força para recarga das baterias;
- as pessoas sentem inveja de nós;
- esta é uma sociedade livre, não é?

Não há muita lógica em nenhuma das respostas, mas há uma abundância de autojustificações. Depois que as pessoas assumem uma posição, defendem-na com energia. Para o influenciador, isso tem duas implicações:

- administrar o conflito em particular, ou seja, não deixar ninguém assumir uma posição pública contra seus interesses;
- divulgar acordos e compromissos ampla e rapidamente.

Administrar o conflito em particular

Administrar o conflito em particular é uma condição básica de influência. Isso é especialmente importante quando você tem uma nova ideia que quer promover. Se apresentar sua ideia em uma reunião, diga adeus a ela. As reuniões são idealizadas para liquidar ideias e desestimular

> As reuniões são idealizadas para liquidar ideias e desestimular qualquer outra pessoa que ouse tê-las

qualquer outra pessoa que ouse tê-las. Nas palavras de um ministro do gabinete francês: "As reuniões são uma oportunidade maravilhosa de destruir os planos de outros ministros". A última vez que cometi o erro de ter uma ideia em uma reunião, senti-me na extremidade errada de uma barraca de tiro ao alvo. As balas vieram sob a forma de perguntas úteis:

"Quanto vai custar? Está no seu orçamento? Está no orçamento de quem? Quem vai trabalhar nisso? Há alguém disponível? Você fez uma avaliação do risco? Você falou disso com o papagaio da tia-avó do pessoal do RH/Financeiro/TI/Operações/Japão? Nunca fizemos isso antes; então, como é possível? Fizemos isso antes e não funcionou, não é mesmo? Onde está o estudo de caso?"

Em reuniões, essa é a reação normal a novas ideias. A maneira mais fácil de provar que você é inteligente é formular perguntas inteligentes e identificar os riscos principais: isso tem o benefício de proteger a empresa contra o risco. Também liquida a ideia e elimina a necessidade de adotar qualquer outra ação. De modo contrário, estimular ideias é perigoso e pode representar mais trabalho.

A menos que você saiba que possui respaldo, mantenha as discussões importantes em particular. A linha divisória entre uma reunião privada e uma reunião pública equivale a duas pessoas. Assim que existir uma terceira pessoa, a reunião é basicamente pública e cada pessoa está assumindo uma posição; ou seja, a discussão torna-se uma negociação. Em particular, as pessoas podem se abrir mais, ser mais honestas e mais flexíveis. Se elas discordarem, você poderá procurá-las mais tarde para lidar com suas preocupações e encontrar um melhor caminho a seguir. Depois que elas apresentaram dúvidas em público, continuarão reforçando essa posição. A necessidade da autojustificação dominará a necessidade da lógica.

Há alguns princípios básicos para administrar esses desacordos privados:

- ouvir;
- procurar acordos em vez de desacordos;

- manter o foco em interesses e não em posições;
- dimensionar o preço;
- manter o foco nos fatos e não nas opiniões.

Esses princípios são abordados em detalhes nos próximos capítulos. O tema comum subjacente a eles é que os bons influenciadores não ganham apenas um argumento; também ganham um aliado. O objetivo não é vencer seu adversário submetendo-o à genialidade da sua análise. O objetivo é chegar a um resultado de ganho mútuo, de agrado dos dois lados.

Divulgar acordos

Ao obter um acordo, torne-o público. Eis o caso em que as reuniões são úteis. As reuniões nunca devem ser usadas para a tomada de decisões; ofereça uma oportunidade às pessoas e elas podem tomar a decisão errada. As reuniões só devem ser usadas para confirmar em público as decisões que foram tomadas em particular. Essa confirmação pública dos acordos privados é essencial, pois reassegura para cada indivíduo que ele não está sozinho ao dar respaldo a sua ideia. Ninguém quer ser o primeiro a se arriscar. No entanto, com a coreografia correta, você pode persuadir todos a arriscar ao mesmo tempo. A reunião é o momento em que eles se arriscam.

> As reuniões nunca devem ser usadas para a tomada de decisões; ofereça uma oportunidade às pessoas e elas podem tomar a decisão errada

A "coreografia correta" é forjar a confiança e o consenso. Os japoneses descrevem esse processo como *nemawashi*. Leva tempo, mas é muito eficaz. Trabalhar para um banco japonês, em Tóquio, e para um banco norte-americano, em Nova York, mostrou o poder do processo. No Japão, meses se passaram antes de finalmente tomarmos uma decisão. Quando fizemos a reunião formal de tomada de decisão, a decisão já fora tomada. Estávamos simplesmente confirmando o consenso alcançado em particular. A implementação da decisão foi muito rápida, sem sobressaltos e eficaz.

Em Nova York, tínhamos de atender um prazo final urgente e apresentar nossas recomendações assim que tivéssemos feito a análise, mas sem nenhum *nemawashi*. Um tumulto irrompeu na reunião. A decisão foi tomada de qualquer jeito. Nos meses seguintes, ela foi sabotada, planos rivais estavam sendo fomentados, os barões do poder faziam suas próprias coisas. Foi um turbilhão fulgurante de atividades e iniciativas. Muito talento e esforço foram despendidos para ir exatamente a lugar nenhum. A tartaruga japonesa foi muito mais rápida do que a lebre norte-americana.

O processo de criar confiança baseia-se na busca do acordo. O processo do acordo é incremental. Estamos conduzindo uma série de conversas persuasivas (capítulo 12). Em cada etapa do diálogo tentamos encontrar áreas de entendimento que possibilitem a criação do consenso e da confiança.

Uma empresa de telecomunicações alegou ter uma cultura de alto desempenho, e que esse era o segredo do seu sucesso. Desconfiamos que, na verdade, eles tinham uma cultura de baixo desempenho, respaldada pela herança de um monopólio legal referente a empresas de telefonia fixa. A herança estava se esgotando, e eles precisavam mudar a cultura. Fazia pouco sentido discutir a opinião da empresa. Assim, reunimos os seguintes fatos:

- os funcionários tendiam a morrer em serviço 27 vezes mais do que ser despedidos por desempenho insatisfatório; isso não acontecia porque estavam sendo assassinados, mas porque nenhum era dispensado;
- noventa e dois por cento do pessoal era avaliado na média ou acima da média, o que é matematicamente impossível;
- a IBM demite 10% dos seus piores gerentes anualmente.

Rejeitamos as discussões a respeito da cultura de desempenho. Nas primeiras semanas, tudo o que fizemos foi validar as constatações. Pedimos para os gerentes confirmarem que os fatos estavam corretos. Quando eles nos entregaram as confirmações, divulgamos os fatos e as confirmações. Quando o dilúvio de dados tornou-se avassalador, os pleitos de que a organização tinha alto desempenho simplesmente desapareceram. Focalizamos as áreas de acordo (fatos e não opiniões) e divulgamos os acordos parciais: de modo incremental, construímos o compromisso e o *momentum*.

Resumo

Longe dos discursos teatrais de CEOs e gurus a respeito de excelência, paixão e compromisso, a rotina dos administradores é um trabalho pesado. Pode ser como nadar no melaço. Lida-se com política, oposição e conflito; criam-se alianças; tentam-se mudanças mantendo as operações diárias em funcionamento.

O processo de compromisso dá um indício do porquê a administração é um trabalho tão árduo. O processo de compromisso exige tempo e esforço. A qualquer momento um administrador pode ter uma dezena de conversas de compromisso em andamento com diversos colegas; cada conversa acontecerá esporadicamente durante dias e semanas. Manter-se a par de cada conversa e coordená-las para que alcancem a conclusão correta, no momento correto, é uma arte e um esporte exaustivo.

O processo de comunicação pode ser um trabalho duro, mas é um investimento compensador. Depois de criar o compromisso mútuo, você tem um palco para o sucesso. Terá aliados nos quais poderá confiar. No curto prazo, é possível persuadir e intimidar as pessoas em relação a acordos. Os influenciadores são mais ambiciosos do que os persuasores. Os influenciadores querem disposição e compromissos duradouros, ao passo que os persuasores se contentam com a obediência e a aceitação temporárias. O processo de compromisso distingue os influenciadores dos persuasores.

PARTE II

Segredos da influência: a representação e a aparência de um papel

CAPÍTULO 4

Representar um papel

Faça este teste simples. Em que tipo de pessoa você tenderia mais a confiar:

TIPO A — Jeans rasgados, cabelos desgrenhados, barbado, unhas sujas, relaxado, cínico e resmungão;
TIPO B — Terno bem passado, asseado, barbeado, atencioso, focado, enérgico e positivo.

Se você escolheu a pessoa do tipo B, pode ter depositado sua confiança em banqueiros que torraram bilhões de dólares enquanto enchiam os próprios bolsos; pode ter confiado em políticos que compram casas flutuantes para os patos dos seus jardins e que têm seus fossos limpos com dinheiro público. E isso, talvez, enfatize uma questão crucial. O tipo A pode ser muito mais confiável do que o tipo B, os quais podem ser todos impostores, mas ainda tendemos a confiar no tipo B. A aparência importa. Chame isso de "trajes de executivo" ou "trajado para o sucesso": a primeira impressão conta.

Simplificando, se quisermos ser influentes, teremos de representar alguém com influência e parecer influentes. Precisamos ser percebidos do modo correto. As percepções podem ser incorretas, mas as consequências dessas percepções são reais. A gestão da percepção é fundamental.

> As percepções podem ser incorretas, mas as consequências dessas percepções são reais

A gestão da percepção é uma combinação de como você se comporta e de como você se mostra. Há um argumento a respeito da rapidez com a qual as pessoas julgam umas às outras em um primeiro encontro. Alguns estudos sustentam que levamos três minutos para formar um juízo. Outros afirmam que esse período é de apenas três segundos. De qualquer maneira, fica claro que as primeiras impressões contam. Com isso em mente, investigaremos quatro temas:

- representar um papel;
- a ambição, arte da gestão irracional;
- aparentar o papel;
- causar as primeiras impressões corretas.

Representar um papel

Todas as organizações possuem regras não escritas de sobrevivência e sucesso. Você precisa decifrar essas regras sozinho. Entre algumas perguntas comuns, incluem-se:

- Até que horas devo realmente trabalhar?
- Devo tomar a iniciativa e assumir o risco ou devo evitar problemas e seguir o processo?
- Preciso pedir permissão em relação a que assuntos? O que posso fazer por minha própria conta?
- Como devo me vestir?

Representar um papel

- Que tipo de piadas posso contar? Para quem e quando? Ou são todos muito sérios?
- Que tipo de deferência devo ter em relação aos chefões?

Você pode procurar em vão, nos manuais, respostas para essas perguntas. Todos conhecem as regras, mas ninguém lhe contará quais são elas. Nem mesmo dirão quais são as perguntas; você terá de obter as respostas da prova sem saber as perguntas.

As regras de sobrevivência e sucesso de uma empresa são normas de comportamento obrigatórias. Ignorá-las é por sua conta e risco. Também há diversas normas de comportamento arbitrárias. Muitas relacionam-se a diferenças culturais: não coma com a mão esquerda nem mostre as solas dos pés no Oriente Médio; não troque cartões de visitas com as duas mãos no Japão. Todas essas normas de comportamento arbitrárias são úteis de conhecer. No entanto, os estrangeiros são perdoados mesmo em relação às piores gafes culturais se exibirem os três "Es" do comportamento influente:

- engajamento;
- energia;
- entusiasmo.

Engajamento: gerenciando com os olhos e a voz

Mark era o administrador-celebridade de uma cadeia varejista de produtos elétricos. Decidi vê-lo em ação. Observar as pessoas trabalhando é sempre mais agradável do que fazer o trabalho.

> Observar as pessoas trabalhando é sempre mais agradável do que fazer o trabalho

Rapidamente percebi que Mark administrava com os olhos. Era um mestre na arte do contato visual. Como a maioria dos gerentes de lojas, seus olhos se moviam constantemente para ver o que estava acontecendo: expositores precisando de atenção, funcionários pedindo ajuda; clientes querendo comprar. Ele observava os clientes e esperava o melhor momento para abordá-los. Quando começavam a apontar ou tocar um produto, Mark continuava esperando. No momento em que o cliente olhava ao redor, em busca de ajuda, Mark estava pronto para captar o olhar dele e capturá-lo. Então, se aproximava e dizia: "Tudo bem? Sou Mark, o gerente da loja. Como posso ajudar?" A apresentação pessoal fazia-o parecer acessível e amigável. A questão aberta (não uma pergunta do tipo "posso ajudar você?" que atrai uma resposta do tipo "não, só estou dando uma olhada") também assegurava uma resposta positiva.

Mesmo enquanto conversava com seus clientes, Mark não perdia de vista o resto da loja. Dava instruções com os olhos. Se percebia outro cliente precisando de ajuda, captava o olhar de outro vendedor: a mensagem seria lida e o cliente logo encontraria um vendedor prestimoso ao seu lado.

O contato visual é muito óbvio, muito poderoso e muito subutilizado. Billy Graham, o grande pregador batista norte-americano, utilizou-o com efeitos assombrosos. Como você engaja centenas de pessoas com o contato visual? Eis como: uma pessoa por vez. Ele não olhava inexpressivamente para as centenas de faces a sua frente. Cada frase, cada sentença seria endereçada diretamente para uma única pessoa da plateia. Era eletrizante constatar que você estava sendo abordado direta e pessoalmente pelo grande homem. Uma vez engajado, você permanece engajado.

Utilize o contato visual mesmo quando não falar. Em vez de ajeitar papeis em uma reunião, mantenha seu foco na pessoa que está falando. Você ouvirá mais, entenderá mais e parecerá mais engajado do que os demais, que rabiscam notas, verificam os celulares debaixo da mesa ou contemplam a paisagem através da janela. Quando você olha para uma pessoa, percebe que, inconscientemente, reflete os movimentos corporais dela. Quando ela se inclina para a frente, você repete o gesto. Isso parece empático e engajado. Outras pessoas, que não estão engajadas, podem se inclinar para trás, remexer as mãos. Quanto mais você olhar para essas pessoas, mais tenderá a espelhar o comportamento delas e parecer desengajado.

E, uma vez que pareça desengajado, você também ficará desengajado. A mente desliga quando o corpo desliga, e vice-versa. Escolher para onde olhar é um ato que tem influência.

Se você quiser uma mudança de enfoque, observe o chefe da reunião, para captar como ele reage. O chefe da reunião reparará em você, facilitando sua intervenção no momento em que você desejar.

Representar o papel não diz respeito somente ao uso correto do olhar. Também se relaciona ao uso correto da voz. Ao falar, se expresse lentamente e com propósito. A pesquisa a respeito dos grandes oradores, como Churchill, Kennedy e Mandela, revela que eles falavam muito mais lentamente do que a maioria das pessoas: 110 palavras por minuto contra 120 a 150 palavras por minuto de uma fala normal. Martin Luther King falou somente 88 palavras no primeiro minuto do discurso "Eu tenho um sonho". Como um exercício, tente repetir esse discurso na velocidade de Luther King (88 palavras por minuto). E, em seguida, tente dizê-lo na velocidade tagarela de 250 palavras por minuto. Você ainda fará sentido nessa velocidade, mas o significado e o peso serão perdidos.

> Eu tenho um sonho
> de que algum dia esse país se levantará e viverá segundo o significado verdadeiro do seu credo:
> "Acreditamos nessa verdade evidente de que todos os homens são criados iguais".
> Eu tenho um sonho
> de que algum dia, nas colinas vermelhas da Geórgia,
> os filhos dos antigos escravos
> e os filhos dos donos dos antigos escravos
> serão capazes de se sentar juntos na mesa em que todos são irmãos.
> Eu tenho um sonho
> de que algum dia, mesmo o estado do Mississippi,
> um estado abafado com o calor da injustiça...

Proferir o discurso lentamente adiciona peso a cada palavra e, por extensão, ao orador. Observe que o discurso tem muitas palavras curtas e não há nenhum jargão de administração. O jargão só impressiona o orador. Utilize linguagem simples: é mais eficiente e direta do que os contorcionismos dos jargões do discurso da administração. Por outro lado, alguém que fala numa velocidade de 250 palavras por minuto parece um maníaco. Sem dúvida, se você sempre falar devagar, parecerá estranho. É melhor misturar: variar o ritmo e o tom manterá as pessoas engajadas. Contudo, se você tiver algo importante a dizer, diminua a velocidade para que a mensagem seja transmitida com clareza e ênfase.

> O jargão só impressiona o orador

Energia: a arte do relaxamento positivo

Algumas pessoas transmitem energia e outras transmitem apatia. As pessoas energéticas fazem as coisas acontecer; as pessoas apáticas deixam as coisas acontecer para elas e, em seguida, reclamam a esse respeito. As pessoas influentes precisam ter energia. Fazer as coisas acontecer exige pressionar as pessoas e superar a inércia natural da organização. Sem investir energia e esforço, você verá que a inércia o impedirá de fazer o que quer que seja.

Manter a energia e o compromisso requer convicção no que se está fazendo. Se você acreditar que isso é compensador para sua vida pessoal, para sua organização ou para a comunidade, poderá encontrar reservas de energia para superar os obstáculos inevitáveis com que todos nós deparamos. Se você não acreditar no que está fazendo, terá o impulso por um tempo, mas será muito difícil mantê-lo durante anos. Escolha o emprego, o empregador, o chefe e a causa certos.

No curto prazo há alguns truques simples que qualquer um pode usar para levantar os níveis de energia, sem a necessidade de cafeína, açúcar e outros estimulantes. O modo mais simples de levantar os níveis de energia é relaxar o corpo e adotar a postura correta. Você pode fazer isso mesmo enquanto espera uma reunião começar ou caminha para ela. Quanto maior a reunião, mais importante é relaxar. Inevitavelmente, ficamos tensos antes de algum grande evento. A tensão é muito óbvia e autodestrutiva. Ao parecermos tensos e nervosos, deixamos as outras pessoas nervosas e desconfiadas a nosso respeito. Se parecermos relaxados e confiantes, as pessoas captam esses sinais e tendem mais a confiar, a acreditar em nós.

Você pode relaxar sem chamar a atenção. Relaxe os ombros; o corcunda de Notre Dame nunca pareceu elegante. Alivie os músculos do pescoço. Pare de ranger os dentes (os sorrisos são permitidos...). Endireite a coluna. Gire os punhos e relaxe os dedos. Apoie seu peso na parte frontal do pé; imagine que uma folha de papel pode ser passada sob o calcanhar. Respire fundo para levar oxigênio aos pulmões. Se você fizer tudo isso, sentirá mais energia, parecerá calmo, confiante e relaxado, e sua voz soará com firmeza.

Entusiasmo: a arte de visualizar o sucesso

Na Grã-Bretanha o entusiasmo é muitas vezes tratado como uma insanidade. O cinismo é desenfreado em algumas organizações. Isso deixa o entusiasta sobressair ainda mais. Se você não é empolgado, não espere que alguém se entusiasme em relação a sua ideia. Se você não acreditar nela, ninguém mais acreditará.

> O entusiasmo é muitas vezes tratado como uma insanidade

Pedir para alguém se entusiasmar é tão inútil quanto pedir para a pessoa sorrir e se sentir feliz. É difícil fingir. Parte do entusiasmo resulta da confiança no que se está fazendo. No entanto, você pode aprender a elevar seu entusiasmo nos momentos certos.

Pense em influenciar as pessoas como uma performance. Procure fazer alguém concordar com alguma coisa, ou ver uma ideia ou você mesmo sob uma perspectiva diferente no final da reunião. Esse alguém não sabe que acontecerá uma mudança, pois quem está no controle dessa performance é você. Desfrute dessa situação. Para visualizar isso, pense no final, no início e no meio, nessa ordem.

Visualize a aparência do sucesso: o que você fará e como se sentirá ao final do encontro. Essa é a atitude mental associada ao sucesso que vale a pena levar à reunião.

Visualize o início e, depois, o meio, com o máximo de detalhes possíveis: como a cena parecerá, cheirará, desejará; o que você fará e dirá para proporcionar um início bem-sucedido à reunião. Visualize-se lidando com todos os desafios que possam surgir, e o prazer que advirá de enfrentar os desafios com êxito.

A arte da visualização pode criar um roteiro de sucesso muito rico para você seguir. Não é um exercício agradável. É essencial. Se você vai a uma reunião sem um roteiro, então é um talento espontâneo ou está esperando ter sorte. Se for com um roteiro cheio de medo, dúvida e ansiedade, achará que o roteiro é autorrealizável. Quando você representa um papel, compensa ter o roteiro certo.

A visualização é uma técnica-padrão nos esportes de alto desempenho. Observe um chutador da Liga Nacional de Futebol americano ou de rúgbi: ele levará vinte segundos se preparando para um chute de um segundo. A preparação é mental. O jogador visualiza o que fará e como obterá êxito. Visualiza a bola entre as traves. A discrição proíbe dizer o que ele imagina existir entre as duas traves; é suficiente observar que o que ele imagina motiva-o muito a marcar o ponto.

Ambição: a arte da gestão irracional

O jovem Alexandre herdou um Estado que estava à margem da civilização grega. Era um Estado sem importância. Qualquer príncipe lúcido teria reconhecido essa verdade e se dedicaria a estudar filosofia ou a perseguir os camponeses locais. Dez anos depois, o jovem Alexandre tinha se transformado em Alexandre, o Grande, e conquistado todo o mundo conhecido e mais além. Os grandes líderes não são modestos: alguém se lembra do seu primo, Alexandre, o Sensato?

Representar um papel

Nas empresas, a ambição pode ser uma palavra suja. Acusar alguém de ambicioso é insinuar que ele é um carreirista nato, que só pensa em si mesmo à custa dos outros. No entanto, os impérios empresariais não são construídos por pessoas racionais: ninguém em seu juízo perfeito assumiria o poder de BA, UPS, ABC, IBM ou General Motors no melhor momento dessas companhias. Sem líderes irracionais como Michael O'Leary, Fred Smith, Rupert Murdoch, Michael Dell ou Kiichiro Toyoda, nunca teríamos a Ryanair, a FedEx, a Fox, a Dell ou a Toyota.

A ambição para sua empresa, para sua equipe e para si mesmo é boa. Uma forma simples de ambição é perguntar: "Qual é o aspecto disso para os chefes que se encontram dois níveis acima de mim?" Se você não provocar nenhuma sensação na agenda deles, não causará impacto. Aprendi essa lição quando apresentei um plano de promoções para a diretoria. Estava preparado para todas as perguntas a respeito de custos, níveis de resgate, suporte aos supermercados, logística e outros detalhes. Os membros da diretoria não ficaram interessados. Eles quiseram saber coisas como: isso canibalizará outras marcas? Melhorará ou reduzirá nosso valor de marca? Podemos reproduzir isso internacionalmente? Eram perguntas difíceis, para as quais eu não tinha resposta. Eu pensara no nível incorreto. Eles queriam uma estratégia e tudo o que eu tinha eram detalhes.

Quando você é ambicioso, define uma agenda que repercute na organização em vez de ganhar espaço apenas no seu próprio feudo. Nesse sentido, a influência é como um cartão de crédito. Quando você vai além do seu limite formal de crédito (autoridade e influência), e é capaz de arcar com isso, é convidado a ampliar seu crédito (autoridade e influência) ainda mais. Oportunidades maiores surgem em sua vida.

> A influência é como um cartão de crédito

Ser ambicioso significa ser irracional de modo seletivo. Você deve pressionar sua equipe para alcançar mais do que ela acredita ser possível. Não está sendo mau em relação a seu grupo. É que por meio do desafio os membros desenvolverão novas habilidades e novas capacidades. Sem dúvida, há limites para a arte da gestão irracional. A gestão irracional não deve envolver intimidação, dedos em riste e humilhação. Para ser irracionais e ambiciosos de modo efetivo, os administradores devem:

- ser firmes em relação aos objetivos e flexíveis em relação aos meios;
- apoiar e capacitar a equipe em todos os aspectos; oferecer a ela um senso de controle, pois a diferença entre pressão e estresse é o controle. Se eu sentir pressão e não controlar meu destino, sentirei estresse. Se eu sentir pressão, mas ficar no controle, eu me desenvolverei;

> A diferença entre pressão e estresse é o controle

- ler os sinais de advertência. Se a equipe passar da pressão para o estresse, interrompa a escalada e leve-os de volta a uma zona de conforto. Permita uma nova aclimatação antes de recomeçar a escalada.

Para ser influentes, os administradores devem fazer a diferença e isso requer ambição.

Aparentar um papel

Segundo um antigo provérbio, você nunca estará mal vestido se usar um sorriso. A implicação é que a personalidade resplandece. Não julgamos apenas pelas aparências. Tive a oportunidade de testar essa teoria no meu último ano na universidade. A Procter & Gamble me convocou para uma entrevista no campus. Infelizmente, o horário dessa entrevista coincidia com o horário em que eu deveria construir um cenário teatral. Mas aceitei a condição. Saí correndo do teatro, direto para a entrevista, usando um macacão todo manchado de tinta e cheio de graxa. Como estava atarefado, não tive tempo de ficar nervoso, nem de trocar de roupa. Posso ter parecido desarrumado, mas representei o papel com perfeição. Em uma carreira teatral desprezível, foi a única peça que representei com sucesso. Funcionou porque, naquele momento, sentia-me verdadeiro comigo mesmo. Estava energético, empolgado, comprometido e, sem dúvida, fazendo algo interessante. Depois de se recuperar do choque, meu entrevistador me contratou. Se foi uma escolha sábia, ainda é questionável.

Se tivermos o comportamento certo, poderemos sobreviver à maior parte dos erros de vestuário. Mas não devemos dificultar isso. Se vestirmos um papel, as pessoas acreditarão em nós com muito mais facilidade.

Em certos casos, é simples seguir o código de vestuário e parecer respeitável. As forças armadas distribuem aos seus oficiais superiores muitas medalhas e galões dourados. Seus uniformes vistosos transmitem autoridade vistosa. Descobri o poder pleno do vestuário quando me aventurei nas regiões montanhosas de Papua-Nova Guiné. Conheci uma tribo em uma cidade caindo aos pedaços. Seus membros usavam suas melhores roupas para o encontro na cidade: roupas de segunda mão, doadas por instituições de caridade ocidentais. Eles estavam péssimos. Não tinha ideia de quem era o líder; todos pareciam ameaçadores.

Dois dias depois, fui à aldeia, nas distantes áreas montanhosas. Eles trocaram suas roupas citadinas. Foi fácil e rápido descobrir quem era o chefe: o que usava um cocar feito de penas imensas de ave-do-paraíso, enfeitado com conchas de cauri e outros materiais exóticos trazidos do litoral. Ele parecia suntuoso, régio. Na cidade, tinha a aparência de um mendigo ou um assaltante. Em um traje diferente, a mesma pessoa transmite uma mensagem diferente.

No mundo corporativo talvez seja melhor não usar galões dourados, medalhas e penas na cabeça. Precisamos de algum outro meio para parecer confiáveis e influentes. O problema é que os códigos de vestuário estão ficando cada vez mais incertos. Houve uma revolução na vestimenta desde o dia em que as meias de cor cinza foram consideradas subversivas. Em uma conferência recente de uma empresa mundial de alta tecnologia, todos os funcionários, do

CEO para baixo, usavam calças jeans e camisetas. O código de vestuário era tão claro quanto o da P&G, mas radicalmente diferente. A conformidade simplesmente tinha um código diferente.

Os princípios dos códigos de vestuário são equivalentes aos princípios de todas as regras de etiqueta, que não envolvem regras misteriosas a respeito de onde posicionar o talher para peixe. As normas de comportamento devem prover regras que colocam todos em pé de igualdade e deixam todos à vontade. O mesmo vale para os códigos de vestuário. O objetivo é deixar seus colegas à vontade; eles devem se sentir confortáveis ao ser vistos a seu lado e conversando com você. Dada a variedade e a incerteza dos códigos de vestuário, não há uma resposta simples a respeito de como você deve se mostrar. No entanto, há alguns princípios norteadores.

- Espelhamento: conformidade.
- Conservadorismo.
- Aspiração.

O espelhamento e a *conformidade* são os princípios-chave: vista-se como os outros se vestem. Se todos usam camisetas e calças jeans, você deve seguir a tendência. Vestir um terno e uma gravata o marcariam como um excêntrico enfadonho. Da mesma maneira, se você for a um evento formal que pede *smoking* usando camiseta e jeans, estará insultando as outras pessoas, que se esforçaram para se vestir com elegância. As camisetas e os ternos formais são simplesmente estilos diferentes de conformidade.

> As camisetas e os ternos formais são simplesmente estilos diferentes de conformidade

Conservadorismo: em caso de dúvida, opte pelo bom senso e pela formalidade. Isso se aplica, em particular, às pessoas que estão em um nível mais baixo na hierarquia do poder: fornecedores, vendedores e funcionários de baixo escalão. Os consultores, por exemplo, tendem a se vestir de um modo um pouco mais conservador do que seus clientes. Eles precisam parecer confiáveis e honestos. Todos os maiores patifes, de banqueiros a políticos, passando por ditadores, usam ternos e gravatas sóbrios. É a camuflagem deles para parecer confiáveis. Quase sempre funciona muito bem.

Aspiração: é útil para funcionários de baixo escalão. Observe como as pessoas de um ou dois níveis acima se vestem. As probabilidades são de que elas gastam mais dinheiro, tempo e esforço com sua aparência pessoal. Se você quiser ingressar no clube, compensa seguir as regras de vestuário do clube. Em caso de dúvida, espelhe o exemplo do pessoal de alto escalão e não o do baixo escalão. Julgar as pessoas em relação a como elas se vestem é absurdo e injusto, mas quem disse que o mundo é justo?

Primeiras impressões

Se você souber como aparentar e representar um papel, estará a caminho de causar uma boa primeira impressão. No entanto, as situações especiais requerem preparação especial. Duas ocasiões em que você precisará causar uma forte primeira impressão são:

- encontrar alguém pela primeira vez (venda ou entrevista, por exemplo);
- realizar uma apresentação.

Encontrar alguém pela primeira vez

Tornei-me responsável pela seleção dos recém-formados de uma escola de negócios para uma empresa de estratégia altamente conceituada. A decisão em relação a alguns candidatos era fácil: ou eram muito bons ou eram uma calamidade. A maioria ficava no meio. Pareciam preencher todos os requisitos, mas não conseguíamos chegar a uma decisão. Encontrei um modo muito fácil de tomá-la: consultei minha secretária, que acompanhou os candidatos da recepção à sala de entrevistas e de lá de volta à recepção. Levava somente alguns minutos, mas a maioria deles se revelou nesse tempo, com suas defesas desguarnecidas. Supor que as secretárias não são importantes é um erro fatal. Os eventos seguintes indicaram que ela teve cerca de 90% de índice de sucesso na seleção dos vencedores, o que era melhor que a taxa alcançada pelo resto da equipe de seleção.

Eis o que ela buscou:

- *os três Es*, energia, empolgação e entusiasmo. Mesmo se os candidatos demonstrassem nervosismo, não havia problema, desde que eles apresentassem os três Es;
- *o quarto E*, expertise. Ele sabia algo acerca da nossa empresa? Alguns candidatos denotavam total ignorância. Outros usavam a caminhada para formular algumas perguntas criteriosas, esperando obter uma verificação da realidade da secretária. Um movimento inteligente, muito estimado;
- *o quinto E*, engajamento. Alguns candidatos dedicaram o tempo a trocar afabilidades com a secretária e tratá-la como um ser humano. Outros se comportaram como se ela fosse invisível e não tivesse importância. Ela era visível e tinha importância, como, posteriormente, os candidatos descobriram.

Se você tiver os cinco Es, será muito difícil dar errado. Em caso de dúvida, deixe as pessoas falar a respeito do seu assunto favorito: de si mesmas.

Fazendo uma apresentação

O três Es de energia, empolgação e entusiasmo chegam longe em qualquer apresentação. Muito tempo depois de as pessoas terem esquecido o que você disse, vão se lembrar de como se vestia. Se você se trajar como um mendigo e for o rei dos resmungões, não espere uma grande recepção. Para alcançar os três Es de energia, empolgação e entusiasmo, há dois outros Es que vale a pena ter:

expertise e prazer (*enjoyment*). Você deve saber do que está falando. E, se gostar do que faz, a plateia perceberá.

Na realidade, a maioria das apresentações empresariais é muito ruim. Os mandachuvas utilizam as apresentações para preencher o ar com nada mais do que sua própria presunção. Os funcionários de baixo escalão pecam pelo excesso de detalhes e afligem suas plateias com o uso do PowerPoint. Apresentam slides altamente sofisticados e complicados, que leem mais devagar do que a plateia pode lê-los.

Essa é uma notícia terrível para as pessoas que têm de participar até o fim dessas apresentações. É uma notícia maravilhosa para administradores que querem se distinguir, influenciar e ser vistos de modo positivo. Com essa concorrência terrível, é fácil sobressair. Alguns exercícios básicos o ajudam a ter êxito onde os outros fracassam:

- apresentador inteligente, slides calados — os slides só devem assinalar onde você está na conversa. Assim, o apresentador pode mostrar brilho e *insight*, comentando cada slide;
- concisão é algo bom. Uma apresentação acaba não quando nada mais pode ser dito, mas sim quando nada menos pode ser dito. Como os diamantes, as apresentações se beneficiam da boa lapidação;
- conte uma história. Suas apresentações devem ser uma jornada, do tipo "aqui é onde estamos, ali é para onde vamos, esse é o modo pelo qual vamos chegar ali". Leve sua plateia numa jornada. Torne-a interessante;
- assuma o papel do ouvinte, enfocando o que ele precisa e deseja ouvir e não o que você quer dizer. Isso o ajudará a reduzir a apresentação ao tamanho adequado;
- concentre-se em algumas pessoas-chave. Em um auditório de cem pessoas, podem haver até três que você precisa influenciar. Concentre tudo sobre essas poucas pessoas;
- torne a apresentação inesquecível. Encontre alguns fatos formidáveis, uma história impressionante ou algumas frases memorá-

veis, que dão ganchos aos seus ouvintes, permitindo-lhes que se recordem de você e de sua mensagem. Esses ganchos também o ajudarão a estruturar o fluxo da sua palestra: funcionarão como marcos em seu fluxo;
- adote uma postura adequada. Mantenha o peso do corpo ligeiramente na frente dos pés. Não deixe sua postura perder a firmeza. Caso contrário, parecerá que você não tem energia nem interesse. Se possível, fique de pé e relaxe antes de começar, a fim de estar pronto para a apresentação;
- roteirize seus primeiros vinte segundos, para fazer uma introdução confiante. Memorize seus últimos vinte segundos, para fazer uma grande conclusão. Jogue fora o resto do roteiro, pois fará você parecer rígido;
- visualize todo o evento antecipadamente com o máximo possível de detalhes;
- prepare e, em seguida, prepare ainda mais. Depois, prepare novamente. Finalmente, continue preparando. Chegue cedo, para que toda a logística esteja correta.

Resumo

Todas as organizações são tribais, e todas as tribos possuem seus próprios rituais, defendidos com zelo. Nenhuma vestimenta e nenhum comportamento é melhor do que outro. O importante é se você escolhe se adaptar aos rituais tribais ou se rebela contra eles. Até mesmo a rebelião, em diversas organizações, é ritual: meias vistosas com um terno sóbrio são uma rebelião muito conformista.

No entanto, há um limite para a conformidade. Muitas empresas tornam-se um oceano de cor cinza. O modo de você se destacar como uma ilha em tecnicolor no meio de toda essa atmosfera cinza é mostrar energia, entusiasmo e empolgação em relação àquilo que realiza. Você só pode sentir isso se tiver prazer

> Somente sobressaímos naquilo que gostamos de fazer

no que faz. Somente sobressaímos naquilo que gostamos de fazer. Se você ousar mostrar todos esses Es (empolgação, energia, entusiasmo, expertise e prazer (*enjoyment*)), vai se destacar muito mais do que os indivíduos com meias vistosas. E sobressairá pelos motivos corretos.

CAPÍTULO 5

O ouvinte ativo

Eu gostava de pensar que era um grande vendedor. Tinha vendido meu próprio sangue no Afeganistão. Era o melhor vendedor de fraldas em Birmingham. Tinha até vendido um banco. Possuía tino. Conseguia convencer qualquer comprador, conhecia todos os truques, era capaz de reagir a todas as objeções e sempre fechava o negócio.

E havia uma vendedora que eu odiava. Não tinha carisma, tino, truques, nada. Mas sempre vendia mais do que eu e conseguia vender qualquer coisa para qualquer um. Era irritante.

No fim, fui vê-la em ação. Fiquei pasmo. Ela mal falava. Apenas sentava e escutava o comprador. Admirava todos os sucessos banais de que ele se vangloriava. Solidarizava-se com todos os desastres e crises sem importância que ele tinha enfrentado. Simplesmente o deixava falar sobre si mesmo. Era uma perda completa de tempo. Ela não vendia nossos serviços. O tempo passava e eu precisava ir a outro encontro. Uma hora e meia depois, voltei. Eles ainda estavam conversando e a vendedora continuava ouvindo. O comprador até adiara seus compromissos para manter a conversa. Sem dúvida, gostava de falar a respeito do seu assunto favorito: ele mesmo.

> Sem dúvida, ele gostava de falar a respeito do seu assunto favorito: ele mesmo

Finalmente, o comprador se cansou e disse: "Acho que devemos falar acerca dessa proposta..." Nesse momento, ficou claro que ele já tomara uma decisão: fecharia o negócio. Confiava na vendedora porque ela o entendera e o respeitara, ao contrário dos demais, que apenas tentavam convencê-lo. Ela fora a única que demonstrou estar do seu lado. Não se tratava nem mesmo de uma competição; ela era a única participante da corrida.

Se eu me imaginava um vendedor de alto nível, aquela moça era uma ouvinte de alto nível. Descobri que os ouvintes sempre superam os vendedores no jogo da influência. Os vendedores, na pior das hipóteses, envolvem-se em relações competitivas e antagônicas: o vendedor ganha e o comprador perde, e, nos dias ruins, os papéis se invertem. Os compradores reconhecem essa relação e agem de modo correspondente: são defensivos, agressivos e não cooperativos. Os ouvintes contornam todas as defesas do comprador. Estimulam a colaboração e a parceria. Os compradores querem trabalhar com pessoas que escutam. Naquele dia aprendi uma lição básica. Os bons líderes, vendedores e influenciadores possuem dois ouvidos e uma boca e os utilizam nessa proporção. Eles ouvem duas vezes mais do que falam.

> Os bons líderes possuem dois ouvidos e uma boca e os utilizam nessa proporção

Os vendedores tendem a ser caçadores; os ouvintes tendem a ser agricultores. A história nos revela que os agricultores venceram os caçadores, pois, atualmente, não restaram muitas sociedades que sobrevivem da caça. A atitude mental do caçador envolve uma série de eventos distintos: cada venda é uma transação, é uma caça que pode lhe dar a vitória ou a derrota. O sucesso ou o fracasso de ontem tem pouca influência no sucesso ou no fracasso de amanhã. As atitudes mentais do agricultor e daquele que ouve são diferentes. Eles cultivam relações de ganho mútuo. Depois que a relação de confiança é estabelecida, basta plantar as sementes do sucesso, que pode ser colhido no futuro. A agricultura é um investimento no futuro, que paga belos dividendos. Já os caçadores vivem do momento.

A boa escuta é efetiva por diversos motivos:

- você descobre muita coisa a respeito da pessoa com quem está falando, como o que tem importância para ela, do que gosta e não gosta, do que necessita. Ela lhe oferece a informação de que você precisa para influenciá-la efetivamente;
- as pessoas gostam de falar de si mesmas, dos seus trabalhos e dos seus desafios;
- o ato de escutar constrói confiança e afinidade; você parece estar do lado da pessoa, ao contrário dos conversadores, que parecem seguir sua própria agenda.

A boa escuta pode ser efetiva e é uma forma de arte. Você não pode simplesmente se sentar e esperar que um estranho comece a lhe contar fatos de sua vida pessoal. Os estranhos que fazem isso são muitas vezes evitados, especialmente no transporte público.

Há cinco princípios para a escuta efetiva que investigaremos em detalhes:

- perguntas abertas e propositadas;
- reforço (o princípio do cafezinho);
- paráfrase;
- contradição;
- revelação.

Perguntas abertas e propositadas

Quando conhecemos alguém, é muito tentador contar para essa pessoa quem somos. É da nossa natureza fazer um pouco de propaganda a respeito de nós mesmos, pois queremos causar boa impressão e mostrar que somos alguém com quem vale a pena conversar. O problema dessa abordagem é ser maçante. Podemos ser uma fonte de fascinação interminável para nós mesmos, mas os estranhos não se interessam pelo assunto. Então, inverta essa lógica. Peça para a pessoa que você está conhecendo para falar a respeito do assunto mais interessante do planeta: ela mesma. A maneira mais simples da fazer isso é formular a pergunta da rainha da Inglaterra (ela faz essa pergunta nos seus passeios, ao encontrar a plebe): "O que você faz?"

Há jeitos mais criativos de formular a mesma pergunta. Como estudei tribos durante anos, às vezes pergunto para as pessoas de que tribo elas vêm. A maioria considera suas empresas uma coleção de tribos e começa a me contar acerca delas, como têm de combater as outras tribos e departamentos.

Assim que as pessoas começarem a falar, estimule-as a prosseguir. Faça isso formulando perguntas abertas, mas direcionadas. Uma pergunta aberta é aquela em que o interlocutor não consegue responder "sim" ou "não". Esse tipo de pergunta estimula uma resposta elaborada. Frequentemente, as perguntas abertas começam com "Como, qual, por que...". Veja alguns exemplos a seguir.

- Como isso funciona?
- Quais são os maiores riscos/benefícios?
- Por que estão tentando interromper isso?

Cada uma dessas questões incentivará uma resposta elaborada. Essa técnica é oposta à das perguntas fechadas, que provocam uma resposta na base do "sim" ou do "não" e podem encerrar a discussão. As três perguntas abertas que usei como exemplo podem ser propostas como perguntas fechadas:

- Isso funcionará?
- Vale a pena?
- Eles interromperão isso?

As perguntas fechadas são muito perigosas. A resposta, além de curta, também pode ser incorreta. Então, se você perguntar "Isso funcionará?", e se a resposta for "não", terá sido criado um problema.

O ônus foi transferido para você, que precisará demonstrar que isso funcionará. Mas o comprador já assumiu a posição de que não funcionará. Então, nesse momento, você está numa posição antagônica à dele. Pior: o comprador está calado. Você não voltou à estaca zero. Encontra-se no lugar errado, sem expectativa de obter um diálogo produtivo.

No entanto, se você perguntar "Como isso funcionará?", obterá uma resposta muito mais proveitosa. Talvez ela se limite a algo como "somente funcionará com grande dificuldade e sob essas condições...", mas ao menos você terá um diálogo construtivo acerca de como fazer isso funcionar, em vez de um argumento a respeito de se funcionará.

As perguntas abertas não são aleatórias. Deve haver propósito e direção nelas. A arte da conversação persuasiva é tratada com detalhes no capítulo 12. Neste momento, é suficiente chamar a atenção para ela e ilustrá-la.

- Quais são os maiores riscos/benefícios disso?

Você tem uma alternativa: ou perguntar primeiro sobre os riscos ou sobre os benefícios. Sua opção tende a determinar o sucesso ou o fracasso da conversa. Se você perguntar primeiro a respeito dos riscos, obterá uma resposta muito elaborada. Em geral, as pessoas têm aversão ao risco e são muito boas em identificá-lo. Você obterá uma longa lista deles, reais e imaginários. No momento em que ouvir a resposta, não fará muito sentido perguntar acerca dos benefícios. A ideia terá sido esmagada sob o peso dos riscos e dos problemas que vieram à tona. Se você perguntar primeiro a respeito dos benefícios, poderá achar que deve pressionar e sondar para obter todos eles, plenamente articulados. Quando se estabelece o motivo pelo qual a ideia é boa, a natureza da discussão muda. Se a ideia for rica em benefícios, então compensará lidar com os riscos que você identificar depois. Seu cliente terá investido tem-

> As pessoas raramente se opõem a suas próprias ideias

po e esforço pessoal para determinar que a ideia é boa, e ficará menos inclinado a abandoná-la. Ao identificar os benefícios, ele terá tomado posse da ideia. As pessoas raramente se opõem a suas próprias ideias.

Reforço: o princípio do cafezinho

Vá até a cafeteria local e observe as pessoas comentando a vida alheia. Você pode ser capaz de convencer seu chefe de que não se trata apenas de um intervalo do trabalho. Isso ajudará seu trabalho.

Primeiro, observe a linguagem corporal. Você verá que as pessoas profundamente absorvidas na conversa refletem a forma corporal umas das outras. Quando uma se inclina para a frente, a outra também se inclina. Se uma cruza as pernas, a outra também cruza. É como um balé sem coreógrafo. Todas as pessoas fazem isso muito naturalmente.

Agora finja que está lendo um jornal enquanto bisbilhota as conversas. As fofocas apoiarão e reforçarão ativamente as mútuas visões de mundo. No momento correto, as pessoas demonstrarão prazer, aversão, choque, surpresa ou simpatia com as revelações. Acreditarão no que está sendo dito, ao menos até relatar a história para outro alguém, mais tarde. Estão conversando com muita facilidade. São aliadas, com interesses e percepções comuns.

Os mesmos princípios de reforço se aplicam às conversas de negócios. Se você quiser falar com alguém, deixe a conversa mais fácil para a pessoa. Mostre estar em sintonia com ela, ao lado dela.

Comece com a linguagem corporal. Escutar os triunfos e os desastres dos outros pode ser pouco agradável, mas mantenha o foco. Pareça interessado. Faça contato visual e fique alerta, pois as pessoas rapidamente captam a falta de interesse. Concentre 100% da sua atenção na pessoa que está falando. Quando sua mente vaga no planejamento da próxima reunião, preocupando-se com seu pedido de despesas e outras questões, ela revela isso. Quando você está concentrado, as pessoas se sentem lisonjeadas e se abrirão.

Nesse momento, concentre-se no que você diz. Não há necessidade de falar muito. Imite as fofocas da cafeteria: mostre que simpatiza e concorda com a outra pessoa. No momento em que você a desafia, ela se fecha e para de vê-lo como amigo e aliado. O reforço ajuda a construir a afinidade de que você precisa quando parte para discussões mais substantivas.

Paráfrase

A paráfrase é um modo útil de demonstrar compreensão e forjar acordos. Também pode ser utilizada para interromper pessoas que se repetem.

Ela é simplesmente um resumo do que alguém lhe disse, feito com suas próprias palavras. Esse ato simples atinge diversos objetivos ao mesmo tempo:

- mostra que você escutou corretamente e isso cria empatia com o interlocutor, que quis ser ouvido;
- se você compreender mal, será corrigido rapidamente;
- força o ouvinte a escutar ativamente; como você parece interessado, o interlocutor responderá positivamente ao seu aparente interesse;
- ajuda-o a se lembrar de informações importantes após o encontro, pois o ato de dizer algo adiciona isso a sua memória imediata sem a intrusão e a formalidade de um notebook ou de uma caneta. Ligar um notebook desliga uma conversa. Raramente as pessoas se abrem quando a conversa é registrada.

> Ligar um notebook desliga uma conversa

A paráfrase precisa ser feita com certo cuidado. Se você disser "então, você falou que..." e, em seguida, repetir exatamente as palavras da pessoa, parecerá um autômato. Seja autêntico. Utilize suas próprias palavras para resumir o que foi falado. Isso demonstra que você realmente escutou e introjetou o que a pessoa disse. Para os influenciadores, a paráfrase é mais útil nos encontros face a face, nos quais se quer criar uma afinidade. Também pode ser usada em reuniões de grupo. Nós já conhecemos a história de Francis. Ele resume o que cada um disse numa reunião de modo seletivo: todos gostam do que Francis diz porque reflete o que disseram (ao menos, em parte) e, assim, todos concordam com seu resumo seletivo da reunião. Ele consegue o que quer sem nunca precisar discutir.

Finalmente, a paráfrase faz os falastrões se calarem. Todos nós já estivemos em reuniões em que uma pessoa procura chamar a atenção de diversos modos, repetidas vezes. Todos procuram calar o falastrão. Quanto mais gente tenta fazer isso, mais a pessoa tem vontade de chamar a atenção, pois sente que não está sendo ouvida. Em vez de atacar essa pessoa, trabalhe com ela. Deixe que ela fale (concisamente) e, em seguida, resuma o que foi dito. Até escreva isso em um quadro. Nesse momento, você mostrou que a ideia foi acolhida e a reunião pode prosseguir.

> A paráfrase faz os falastrões se calarem

Contradição

Era época de eleição. Tínhamos apenas um dia antes da votação e precisávamos de um folheto de última hora, que seria criado, impresso e distribuído durante a noite. Além disso, o orçamento estava quase estourado. Nenhuma gráfica pegaria um trabalho de baixo custo, noturno e inconveniente. Liguei para uma delas e obtive a resposta previsível: "Não". Estávamos empacados. Então, lembrei-me do princípio da contradição.

Procurei uma gráfica que já tinha trabalhado para nós e cumpri a missão normal de criar afinidade, formulando algumas perguntas abertas. E, então, o impressor perguntou: "O que posso fazer pelo senhor?"

"Sinceramente, duvido que você possa fazer alguma coisa. Procurei algumas gráficas e todas responderam que é impossível."

"O que é impossível?", perguntou o impressor. Pareceu um pouco ofendido de que alguém pudesse duvidar da sua habilidade profissional e da sua capacidade de fazer alguma coisa.

"Bem", eu disse com relutância. "É esse folheto. O projeto gráfico ainda precisa ser finalizado. Oito mil cópias para amanhã cedo. Me disseram que ninguém consegue fazer isso nesse tempo."

"Bobagem!", o impressor respondeu, indignado pelo fato de alguém colocar em dúvida sua capacidade. Nesse momento, ele se encontrava totalmente empenhado em demonstrar que eu estava errado. Mesmo quando soube da lamentável verba disponível, decidiu demonstrar do que era capaz. Missão cumprida: o folheto impresso no prazo e dentro do orçamento. Eleição ganha.

A contradição não significa discutir com as pessoas, mas sim deixar que se mostrem. Deixar que mostrem o quanto são boas. Permitir que provem que você está errado. A contradição é um princípio poderoso para utilizar com profissionais que, geralmente, são mais do que propensos a exibir seu talento profissional. O truque é tornar a contradição não confrontadora. Deixe-a impessoal. Evite dizer "eu não acho que é possível" ou "eu não acredito que seja verdade". Isso simplesmente atrai um argumento do tipo ganhar/perder. Uma vez que eles são especialistas, na certa vencerão.

Da mesma maneira, vimos como utilizei o princípio da contradição para vender um serviço de consultoria. Tentar provar que o cliente possui um problema com equipes globais é impossível para um observador externo. Em vez disso, revelo que outras empresas globais apresentam esse problema. Isso permite que ele admita enfrentar a mesma dificuldade. Então, afirmo algo assim: "É claro, suponho que você tenha solucionado essa questão. Gostaria muito de ouvir como fez isso..." Essa frase provoca uma reação de descrença. Ele me conta como suas equipes globais são problemáticas. Trabalho realizado, e o próprio cliente "fez" a venda que eu lhe proporia.

O objetivo é a contradição e não o conflito. O segredo para alcançar esse equilíbrio delicado é tornar impessoal a contradição, afirmando coisas como: "Outros impressores dizem que é impossível fazer isso" ou "O departamento financeiro afirma que essa previsão de lucro está errada". Desse modo, você transfere a culpa e a reprovação para outra pessoa. Agora, vocês podem trabalhar juntos para demonstrar que o resto do mundo está errado. Vocês se tornam aliados em vez de adversários.

Revelação

Um jantar de negócios muito enfadonho se aproximava. Uma colega decidiu apimentá-lo com um jogo. Apostou que, antes de a noite acabar, poderia fazer todos os que estivessem ao redor da mesa revelar como perderam a virgindade. Dinheiro fácil. Apostei um valor pequeno e esperava ganhar muito no fim da noite. Ninguém revelaria detalhes tão íntimos para estranhos. Sem chance, de nenhum modo, nunca.

No fim da noite, eu estava mais pobre financeiramente e mais rico em conhecimento. E revelara mais de mim mesmo do que deveria.

Maria começou a fazer o que tinha de melhor: formular perguntas abertas acerca das pessoas, reforçando os outros convidados, mostrando interesse e empatia. À medida que a noite avançava e o vinho corria, ela dirigiu a conversa para áreas um pouco mais maliciosas. Ocasionalmente, para estimular a revelação, soltava uma indiscrição pessoal na conversa. Competitivos, os outros convidados soltavam indiscrições ainda maiores. Rapidamente, a noite ia se tornando cada vez mais divertida. Tanto o vinho como as revelações fluíam cada vez mais depressa.

Talvez previsivelmente, a discussão passou a versar sobre sexo. Maria contou uma história divertida a seu próprio respeito. Os outros também contaram. No fim e de modo muito natural, ela se viu falando sobre como perdera a virgindade. Como máquinas, todos também se abriram a respeito, com adornos adequadamente extravagantes. Nessas circunstâncias, eu não podia ser o puritano que não conta nada. No momento devido, contei. A pressão social torna a revelação inevitável.

A moral dessa história não é que você influencia os estranhos ao revelar-lhes como perdeu a virgindade. A moral é que a revelação estimula a revelação.

A revelação é uma arte sutil. Pode ser realizada sem êxito. Nos eventos sociais, é comum avistar machos alfa se enfrentando como animais no cio. Eles fazem isso mediante a revelação competitiva. Querem superar as historietas mútuas: quem passou as férias mais exóticas, quem foi para a conferência mais importante, quem conhece as pessoas mais influentes e quem acumulou mais milhas. A revelação precisa ser um pouco mais sutil e discreta. Fale o suficiente para fazer a outra pessoa querer se revelar. Permita que ela "vença", isto é, que lhe conte uma história maior, melhor e mais extravagante do que a sua. Nunca ameace ou desafie essas histórias, mesmo se parecem 98% ficção.

Resumo

O ato de ouvir não é uma arte passiva. Requer habilidade, foco e esforço para fazer as outras pessoas falar de modo construtivo, para criar afinidade e para se tornar um parceiro confiável. Ninguém se transforma em um bom ouvinte da noite para o dia. Isso requer esforço e prática. Lembre-se dos cinco princípios da boa escuta:

- perguntas abertas e propositadas;
- reforço (o princípio do cafezinho);
- paráfrase;
- contradição;
- revelação.

Experimente cada princípio, um por vez. No devido tempo, eles se tornarão reações naturais.

Talvez o ponto de partida mais fácil seja evitar os três erros mais comuns:

- discutir minuciosamente com outras pessoas;
- formular perguntas fechadas;
- viciar-se em histórias competitivas.

São naturais, mas inúteis. Se você evitar essas armadilhas, já terá dado a partida. Discutir minúcias e competir por meio de histórias surgem do desejo natural de impressionar. Essas atitudes não impressionam. De fato, irritam. A não ser que você tape sua boca com uma fita adesiva, pode ser difícil não discutir ou competir. Mesmo se isso o levar a sentir cócegas na língua, evite a tentação. Em vez disso, formule perguntas abertas e deixe seus colegas falar de si mesmos até concordarem com você e admirá-lo.

CAPÍTULO 6

Dar para receber

A generosidade é uma mercadoria escassa. Conforme um negócio cresce, ela se torna ainda mais escassa. À medida que isso acontece, a generosidade fica mais valiosa. Essa é uma boa notícia para os influenciadores. Uma pequena generosidade tem grande repercussão, pois é fácil se destacar de uma multidão de colegas egoístas. Os influenciadores assumem uma perspectiva de longo prazo: a generosidade tem a ver com o egoísmo no longo prazo. Ajuda a construir parceiros, defensores e aliados receptivos.

> Uma pequena generosidade tem grande repercussão

> A generosidade tem a ver com o egoísmo

Há dois tipos de generosidade. O mais comum gera popularidade. O outro traz influência e poder. É preciso saber distingui-los.

Para entender a generosidade como popularidade, consideremos a história de Sue, que era, de longe, a assistente pessoal mais popular do andar dos executivos. Todos paravam para conversar com ela, desde o carteiro até o presidente da empresa. Sue sempre tinha um sorriso disponível e uma brincadeira agradável. Também tinha um grande pote com balas em sua mesa e mantinha o hábito de levar bolos para celebrar aniversários, casamentos, feriados, sextas-feiras; qualquer desculpa era válida. Ela parecia ser a principal beneficiária da própria generosidade, mas era tudo parte do seu caráter e encanto. Após um ano, aproximadamente, seu chefe foi transferido para outra divisão. Os dois concordaram que Sue não devia se transferir também. Na reorganização subsequente, o desastre ocorreu. Ninguém queria tê-la como assistente pessoal. Embora popular, ela não era uma boa assistente. Sue pediu demissão para distribuir boa disposição e sorrisos em outro lugar. Foi uma despedida triste para todos os envolvidos, que tentaram celebrar a partida com um bolo final no escritório.

Sue era, sem nenhuma dúvida, generosa e popular. No entanto, não era influente ou poderosa. Bolos, balas e fofocas não são o caminho da influência para nenhum administrador. Para os administradores, a generosidade tem de assumir outra forma.

A generosidade influente apresenta quatro características:

- deve ser personalizada em vez de genérica;
- deve ser merecida em vez de imerecida;
- deve ser moderada em vez de ilimitada;
- deve ser solicitada em vez de imposta.

Como veremos, esses princípios contam, pois maximizam as chances de a generosidade ser estimada e retribuída. Se ela não for nem estimada nem retribuída, então podemos estar seguindo o exemplo de Sue: somos populares, mas dispensáveis. Se seguirmos os princípios corretos, poderemos fazer aliados e defensores, que nos apoiarão quando precisarmos de ajuda.

Um exemplo mostrará como ser generoso de modo efetivo. Uma gerente sênior quis que eu me transferisse para o seu departamento. Eu não a conhecia muito bem, embora, aparentemente, ela estivesse fazendo um trabalho interessante. Eu tinha outros compromissos e não queria muito ouvir suas propostas. No fim, ela me convenceu a fazer uma pequena apresentação para sua equipe a respeito do meu trabalho naquele momento. Era uma oportunidade para me exibir; a tarefa era fácil, e eu podia escolher a hora e o lugar para a apresentação. Eu estava sendo ativado sem saber.

Na apresentação, todos foram muito amáveis e agradáveis. No mínimo, fingiram interesse. Alguns dias depois, uma garrafa de champanhe chegou à minha mesa. A gerente sênior fizera seu dever de casa e até tinha descoberto a marca de que eu mais gostava. Raramente eu a comprava porque era muito cara. Tratava-se de um presente que atendera a três dos quatro princípios da generosidade:

- altamente personalizado, atendia a meus interesses e necessidades e revelou que ela se preocupava comigo. Meu chefe do momento não tinha a mínima ideia do que eu gostava ou não gostava, e não parecia se preocupar comigo;
- o presente parecia merecido e, assim, eu o valorizei. Além de um presente, também era o reconhecimento por um trabalho bem feito, e o reconhecimento é sempre bem-vindo. O reconhecimento parecia uma terra estrangeira para o meu chefe daquela época;
- era um presente medido; ela não me encheu de presentes. Isso teria sido suborno grosseiro. Tratava-se de um suborno muito mais sutil. Impôs a expectativa de que eu não podia obter algo por nada: os prêmios tinham de ser merecidos.

Em seguida, ela me pediu outro favor, para ajudá-la em um projeto. Eu a atendi e obtive mais reconhecimento. A gerente ativara o processo de dar e receber. Aos poucos, eu ficava comprometido com ela e me separava do meu chefe. Depois de alguns meses, eu, com vontade, fiz a troca.

Dar para receber é um modo poderoso de forjar o compromisso. Vamos ver como os quatro princípios desse processo podem ser aplicados na prática.

Generosidade personalizada em vez de genérica

A generosidade recompensa. Estávamos em uma reunião de associados. Em um imenso salão de conferências, éramos mais de mil. Parecia uma sessão plenária do antigo Partido Comunista da União Soviética: a expectativa era de que todos os camaradas erguessem as mãos e aprovassem as decisões dos outros, demonstrando que nem associados nem camaradas são sempre verdadeiramente iguais (alguns são mais iguais do que os outros).

Gerenciar o espetáculo não foi fácil. Nas entranhas do edifício havia uma trupe de secretárias estressadas, organizando todas as crises de última hora. Inevitavelmente, elas recebiam um fluxo interminável de associados exigindo a solução imediata de problemas irritantes de logística, comunicações etc. Pude perceber-lhes o desespero quando me aproximei: elas viam outro problema chegando. Entrei e as agradeci por todo o trabalho mal-agradecido. Elas esperavam pelo real motivo da minha visita, o pedido impossível que eu faria. Contudo, não havia nenhum motivo oculto. Só as agradeci. Deixei-as emudecidas pelo choque.

De volta ao escritório, constatei que todas as secretárias, de repente, tornaram-se extremamente solícitas: executivos de agenda lotada passaram a ter horários vagos; a vida ficou mais fácil. Depois, fiquei sabendo que fui o único dos mil associados que tinha se preocupado em agradecer-lhes pelos esforços.

No fim da mesma reunião, o CEO (associado sênior) reuniu as secretárias no palco, agradeceu e deu a todas buquês de flores. Era um estudo de caso de como não ser generoso. Longe de ficarem agradecidas, as secretárias ficaram constrangidas e irritadas. O gesto do CEO fracassou porque:

- era uma generosidade genérica. Não houve reflexão a respeito do que elas queriam. As secretárias ganhavam flores no fim de todos os encontros, ainda que não pudessem voar de volta para casa com elas. Havia muitos presentes que elas poderiam ter desejado; o CEO não sabia o que queriam e tampouco sabia a maioria dos seus nomes. A generosidade genérica parece artificial e falsa;
- as secretárias foram solicitadas a comprar as flores. Então, entregaram os buquês para o CEO nas coxias. Ele entrou no palco e

devolveu-lhes as flores. Não houve nenhum indício de generosidade ou iniciativa pessoal a respeito do presente, que mais uma vez não passou pelo teste de ser pessoal e personalizado;
- foi um ritual, como acontecia no final de todas os encontros. Não se tratou de algo inesperado. Além disso, o ritual serviu simplesmente para constranger as secretárias, que preferiam não ser expostas no palco como algum objeto curioso.

A generosidade efetiva é personalizada tanto para o doador como para o receptor. Uma relação de tutoria é a forma clássica de generosidade personalizada, pois:

- o mentor dedica tempo e esforço pessoal;
- focaliza as necessidades específicas da pessoa que pede auxílio.

Quando cheguei, por acaso, ao mundo da consultoria, não tinha a menor ideia do que fazia. Os gaiatos sustentarão que nada mudou. Havia três sócios fundadores. Todos eram muito inteligentes. Um deles gostava de convidar analistas e consultores juniores para o café da manhã. Era um sujeito brilhante, mas amedrontador. Também encontrava muita dificuldade para conseguir gente para seus projetos: ninguém satisfazia seus padrões e ninguém queria trabalhar com ele. Ninguém desejava ser seu café da manhã. Ele acabou morrendo prematuramente.

Os outros dois, também brilhantes, sempre pareciam ter tempo para as pessoas. Não mandavam nem humilhavam. Escutavam, apoiavam e ajudavam. Eram generosos com a única coisa que pessoas atarefadas realmente não têm o suficiente: seu próprio tempo. Assim, todos queriam trabalhar com eles e para eles, generosos não só com a equipe como também com os clientes. Estavam sempre prontos para escutar, ajudar e apoiar um cliente desafiador. Era tudo parte do serviço, independentemente de a tarefa ser paga ou não.

A equipe e os clientes afluíam para esses dois sócios. Contavam com seu apoio generoso, sensato e comprometido. Previsivelmente, isso se converteu em uma fórmula de sucesso. Os clientes ficaram com eles por vinte anos ou mais; a equipe permaneceu leal durante décadas. Aqueles que abusavam da generosidade permaneciam à margem.

Os aproveitadores tinham dificuldade de encontrar um horário vago na agenda dos sócios. Mas havia muito mais clientes que ficavam felizes em retribuir a generosidade. Sempre recorriam aos dois quando havia trabalho pago a ser feito, e a equipe sempre estava disposta a trabalhar em projetos liderados por ambos.

A generosidade não consiste somente em chocolates e champanhe. Essas coisas possuem valor monetário, mas não têm necessariamente valor pessoal. Em uma organização, os recursos mais preciosos tendem a ser coisas como tempo e reconhecimento. Quando você dá seu tempo às pessoas, está investindo seu recurso mais precioso e limitado; elas respondem a esse voto de confiança. Quando lhes dá reconhecimento, também lhes oferece um voto de confiança. Depois que você fez o investimento, pode pedir o retorno. A maioria o dará de bom grado. Você ativou o processo de dar para receber.

Generosidade merecida em vez de imerecida

Se você entrar no escritório de um banqueiro, não será incomum vê-lo repleto de lápides. Não são o resultado de algum fetiche estranho envolvendo cemitérios; nem mesmo os banqueiros vão tão longe. São lembretes de plástico transparente que possuem a forma de lápides. Encerram um pedaço de papel que registra diversas transações financeiras realizadas pelo banqueiro e que foram divulgadas na mídia dedicada a negócios. O valor de cada lápide pode ser medido em centavos e, no entanto, banqueiros biliardários as exibem com orgulho, como troféus valiosos. Os troféus são valorizados porque representam triunfos de difícil conquista e são registros dos seus feitos. Os banqueiros se orgulham disso. Se você presentear o mesmo banqueiro com um pesa-papéis de plástico transparente com o logotipo da sua empresa, ele provavelmente o colocará na lixeira.

> Valoriza-se mais o que se consegue do que aquilo que se ganha de graça

Em geral, valoriza-se mais o que se consegue do que aquilo que se ganha de graça. Ao administrar equipes de venda, descobri que os vendedores competiam violentamente para ganhar o prêmio do mês, que, frequentemente, era um prêmio simbólico: uma caneta ou um jantar em um restaurante. Na conferência anual, os vendedores recebiam muitas canetas e refeições gratuitas. A caneta ou a refeição da conferência carecia de significado ou valor. O prêmio mensal pode ter um valor financeiro modesto, mas possui grande valor simbólico, pois revela quem é o melhor vendedor do mês. É um reconhecimento público do feito.

Generosidade moderada em vez de ilimitada

Quanto mais algo é dado, menos é valorizado. Nesse caso, consideremos uma barra de chocolate. Se você a der para uma criança, ela ficará feliz. Uma segunda barra também será rapidamente aceita. As mais gulosas serão capazes de aceitar um terceiro chocolate. No momento em que a criança fica diante da quarta, da quinta ou da sexta barra, padecerá. A sétima será recebida como um castigo. Seja moderado em sua generosidade. O que é escasso é mais valorizado do que aquilo que é abundante. Diamantes e carvão são compostos de carbono: a escassez impõe o que é mais valorizado.

Se dermos e continuarmos dando algo de maneira incondicional, a exploração poderá se manifestar rapidamente. Ajudei uma instituição beneficente e esta começou a pedir, cada vez mais, uma ajuda maior do que aquela que eu me dispunha a dar. No fim, a instituição consumia metade do meu tempo e eu estava sendo solicitado a fazer coisas que algum contratado poderia fazer por um salário modesto. Tornei-me um colaborador voluntário, a ser utilizado sempre que as pessoas não quisessem fazer algo por conta própria. Então eu disse a eles que, no futuro, só poderia lhes dedicar de dois a três dias por mês. Subitamente, a instituição planejou como aproveitar meu trabalho da melhor maneira possível.

Sem dúvida, há um limite de equilíbrio. Se você der muito, será explorado. Se der em retribuição por alguma coisa, então não estará sendo generoso, mas realizando uma troca. A chave é o *timing*. Seja generoso primeiro. As primeiras impressões contam. Os gestos precoces de generosidade marcam sua reputação. Por algum tempo, não peça nem espere nada em troca. Se fizer isso, você se tornará um negociante e deixará de ser generoso.

Ao longo do tempo ficará claro quem são os aproveitadores, que querem explorá-lo, e quem são as pessoas dispostas a retribuir. Você não precisa discutir com os aproveitadores ou reclamar deles. À medida que seu fluxo de generosidade secar, esses aproveitadores desaparecerão em silêncio. Você então se concentrará nas pessoas com as quais pode construir uma relação mais produtiva.

A generosidade moderada requer clareza a respeito de quem ajudar, de como ajudar e de quanto ajudar. Isso significa aprender a dizer "não" a pedidos. Pode parecer inadequado, mas é muito melhor dizer "não" do que se comprometer a fazer algo e fazer isso de modo medíocre. O trabalho medíocre destrói a credibilidade pessoal, mesmo se realizado de modo generoso, como resultado do seu tempo e do seu esforço opcionais. Só concorde em ajudar se tiver a aptidão (habilidade), a capacidade (tempo) e a vontade (você quer ajudar) pertinentes. "Não" pode ser difícil de dizer, mas economiza lágrimas posteriores. Há três princípios para dizer "não" de modo elegante:

- seja claro a respeito de sua decisão. A falta de objetividade gera desastres e expectativas inadequadas. Se você parecer não confiável, perderá credibilidade, fidedignidade e influência;
- seja claro e honesto ao explicar por que não pode se comprometer. A maioria das pessoas respeitará sua decisão se compreender o motivo dela. Se você carecer da habilidade ou de capacidade de ajudar, não faça segredo disso;

- se possível, ofereça uma alternativa. Talvez você possa ajudar depois, talvez alguma outra pessoa seja mais capacitada, talvez você consiga resolver uma parte do problema. Oferecer uma alternativa é uma amostra, no mínimo, de boa vontade.

Generosidade solicitada em vez de imposta

Há uma frase que produz frio na espinha de qualquer administrador. "Olá. Somos do escritório central e estamos aqui para ajudá-lo." Esse é o tipo de ajuda que vira de cabeça para baixo sua gestão financeira, operacional e de recursos humanos. A ajuda imposta raramente é útil. É interferência em vez de auxílio.

Apesar disso, a ajuda não solicitada prospera. Os administradores auxiliam suas equipes com análises, aconselhamentos, recomendações e orientações não desejadas. Os colegas se ajudam com conselhos. Isso pode ser mortal. Na suíte do executivo há uma regra informal: "Não farei xixi no seu território se você não fizer no meu". Isso significa que as reuniões de diretoria são um ritual bizarro, em que há uma série de duelos entre o CEO e cada diretor. Todos os outros diretores ficam assistindo ao espetáculo até chegar a vez de cada um deles duelar com o CEO. O conselho pode ser bem intencionado, mas é tratado como interferência. Na suíte do executivo, isso é denominado "política" e quase sempre resulta em retaliação.

A única ajuda que as pessoas valorizam é aquela que solicitam. Se elas não pedirem, não ofereça. Pode ser difícil resistir à tentação, em particular se você perceber um membro da equipe indo na direção errada. Deixe que a pessoa faça isso: ela aprenderá mais da experiência do que a partir de alguma interferência não solicitada, independentemente da boa intenção. Se a pessoa for muito tímida ou muito orgulhosa para pedir ajuda, uma pergunta inocente do tipo "como vão as coisas?" quando você passar pela mesa dela, deverá ser suficiente para estimular o pedido.

Resumo

A generosidade é a arte de receber dando. Não é como ser Papai Noel e distribuir presentes em busca de popularidade. Os líderes não precisam ser populares. Precisam merecer confiança e ser respeitados. A busca pela popularidade leva à fraqueza e a um ciclo sempre crescente de expectativas. O desenvolvimento da confiança forja o compromisso e a lealdade, que são muito menos volúveis do que as demandas de popularidade.

> Os líderes não precisam ser populares. Precisam merecer confiança

No mundo da administração, a generosidade consiste em dar o recurso mais escasso de todos. Na administração, o recurso mais escasso não é o dinheiro, mas o tempo. Aparentemente, ser generoso com o tempo pessoal é uma atitude suicida quando há tantas pressões cotidianas a enfrentar. No entanto, ao criar uma rede de alianças, de obrigações e dívidas mútuas que podem ser resgatadas, o influenciador investe pesadamente no futuro. É um investimento que economiza tempo e aumenta o desempenho no prazo mais longo.

No final das contas, a generosidade é um hábito. Felizmente, é um hábito que pode ser adquirido. Não é só proveitoso dar, como também causa satisfação. E, quanto mais mesquinho for o ambiente de trabalho, mais fácil será para o administrador generoso e abnegado se destacar e se tornar influente.

PARTE III

Teça sua rede: construindo o compromisso e a lealdade

CAPÍTULO 7

O princípio da parceria: torne-se o parceiro confiável

Com quem você prefere trabalhar: alguém em que confia ou em quem não confia? A resposta é óbvia. No entanto, não é óbvio o modo como se gera confiança. Se quisermos ser influentes, deveremos nos tornar o parceiro de confiança das pessoas que influenciamos. Alcançar esses objetivos é difícil em um contexto empresarial, em que a maioria das relações começa com um roteiro errado. Em geral, há três tipos de relações na empresa:

- do chefe para o membro da equipe;
- do membro da equipe para o chefe;
- de colega para colega.

Essas relações podem ser saudáveis ou não. Frequentemente, as relações não saudáveis apresentam o roteiro subjacente errado, como se pode ver a seguir.

- Do chefe para o membro da equipe: relação pai/filho. Pode ser protetora e apoiadora. Também pode ser controladora e diretiva. O chefe pode usar ou abusar da autoridade à vontade. A maioria de nós tem experiência com os dois tipos de chefe.

- Do membro da equipe para o chefe: relação filho/pai. O membro da equipe não tem autoridade sobre o chefe e é muito dependente dele. Requer certa inventividade e adaptabilidade para influenciar o chefe de modo efetivo, mesmo que ele seja afável.
- De colega para colega: deve ser uma relação produtiva de adulto para adulto. Na prática, pode ser uma relação de rival para rival, ou entre pedinte e doador (quando uma pessoa precisa de algo da outra).

Se enxergarmos as pessoas como chefes ou rivais o tempo todo, haverá uma tendência natural de sentirmos medo e aversão, respectivamente. Medo e aversão não são um grande ponto de partida para uma parceria. Para evitar tudo isso, as organizações exaltam as virtudes do trabalho em equipe e os membros dela. Se você integrar uma equipe de alto desempenho, terá uma experiência maravilhosa. Como administradores individuais, não podemos contar com o fato de estarmos cercados por colegas comprometidos e cooperativos o tempo todo. Temos de saber como criar parcerias efetivas para nós mesmos, sem contar com a organização para fornecer essas parcerias.

Se adotarmos cinco princípios, podemos passar de chefe, membro de equipe, rival ou recurso para parceiro confiável, que possui influência e pode fazer as coisas acontecer.

1   Trate as pessoas como seres humanos e não como funções.
2   Atue como parceiro e pareça um parceiro.
3   Seja confiável.
4   Seja generoso.
5   Aproveite ao máximo os momentos decisivos.

Trate as pessoas como seres humanos e não como funções

O ponto de partida é surpreendentemente simples. Devemos nos lembrar das palavras do escravo de Júlio César, que tinha o trabalho de sussurrar ao ouvido deste: "Lembra-te que és mortal". É tentador pensar nas pessoas como chefes, rivais ou, pior, recursos. Todas elas são seres humanos. Numa citação indevida de Shylock, em *O mercador de Veneza*, de Shakespeare:

> Sou um chefe. Um chefe não tem olhos? Um chefe não tem mãos, órgãos, proporções, sentidos, afetos, paixões? Não é nutrido dos mesmos alimentos, ferido pelas mesmas armas, sujeito às mesmas doenças, curado pelos mesmos meios, aquecido e esfriado pelo mesmo verão e pelo mesmo inverno, como um colega é? Se for picado, não sangra? Se alguém faz cócegas, não ri? Se for envenenado, não morre? E se for ultrajado, não se vingará?

Pode ser muito difícil pensar em um chefe, ou em um cliente, como um ser humano. Tive um ou dois chefes dos quais ainda tenho dúvidas a respeito. Eram relações totalmente não produtivas. Quanto mais poderoso o chefe, mais o consideramos como uma função e não como uma pessoa. Tony Blair, o ex-primeiro-ministro britânico, achava perturbador ser chamado "primeiro-ministro". Às vezes, ele indagava a si mesmo se realmente existia como pessoa ou simplesmente como um título. Os mais próximos influenciavam-no, chamavam-no Tony (em particular) e o tratavam como um ser humano.

As organizações vicejam na hierarquia e na formalidade, mesmo quando proclamam igualdade, informalidade e trabalho em equipe. Visitar o escritório central é ser convidado a um monumento, de vidro e aço, ao sucesso da empresa. A sede corporativa exibe poder e prestígio. Por trás da fachada, a realidade é a da politicagem e da luta constante contra as forças do caos e da entropia. A esplêndida fachada impessoal dá lugar à realidade da natureza humana.

Depois que começamos a tratar as pessoas como seres humanos, e não como funções, a essência das relações muda.

Atue como parceiro e pareça um parceiro

No capítulo 4 consideramos os princípios de representar um papel e de parecer estar nele. Lembremos que as empresas proclamam a diversidade, mas põem em prática a intimidade. Mesmo quando há diversidade de raça, sexo e credo, as empresas querem pessoas que compartilhem os mesmos valores, visões de mundo e suposições. Frequentemente, essas pessoas compartilham também o código comportamental e de vestuário. Essa conformidade pode não ser saudável para a sobrevivência de longo prazo da empresa, mas torna a cooperação e o entendimento mútuos muito mais fáceis. Em vez de lutar contra o sistema, devemos influenciar o sistema. Um bom influenciador aprenderá a usar a máscara da conformidade. Você pode ser um motoqueiro de fim de semana, com moto, roupas de couro e atitudes. No entanto, durante a semana, convém conhecer o código de influência e sucesso.

Atuar como parceiro muda a maneira como as pessoas trabalham com você. Já contei que, certa vez, decidi criar um banco. Vimos como consegui marcar encontros com alguns CEOs. Em geral, sinto-me nervoso, de modo justificável, quando o gerente do banco onde tenho conta pede para me ver. Conversar com o CEO de um banco me fez suar frio. A instituição parecia decidida a infligir choque e assombro arquitetônico sobre todos os clientes, fornecedores e concorrentes. Tinha um escritório principal imenso e impressionante. O CEO possuía um elevador exclusivo, e no andar executivo os carpetes eram mais espessos e as flores eram mais frescas do que em qualquer outro lugar. Havia uma antessala para a sala da secretária, onde você era mantido como um aluno que espera para falar com o diretor da escola. Assim, como abordar o CEO com sua ideia a respeito de um novo banco?

A resposta óbvia é que você cria um caso bem planejado e o apresenta. Certifica-se de ter elaborado todos os detalhes e de que todos os slides do PowerPoint estão perfeitos. Ensaie sua abordagem de vendas, de modo a se expressar com perfeição.

Se você seguir o caminho óbvio, não estabelecerá uma parceria com o CEO. Será outro suplicante a entrar no escritório dele para promover algum interesse pessoal. Os CEOs estão acostumados com esse roteiro: eles têm a permissão para atuar, ao mesmo tempo, como juiz, júri e grande inquiridor. É uma relação antagônica, em que o CEO tem todo o poder. As chances de sucesso são pequenas.

Então, segui um caminho alternativo. Entrei na sala sem nenhum papel. Simplesmente conversei com o CEO sobre o negócio dele, sobre onde os espaços e as oportunidades podiam estar e sobre onde a concorrência era fraca ou perigosa. Tratava-se de uma discussão de parceria, que eu preparara com cuidado. Compartilhei parte da minha incerta *expertise* com ele, para benefício dele, e compartilhei suas prevenções comigo. No fim, concordamos que havia uma oportunidade. Diversos encontros sem papel depois, ele me perguntou quanto custaria.

— Cerca de um bilhão — respondi.

— Dólares ou libras?

— Libras — respondi rapidamente, decidindo me presentear com mais algumas centenas de milhões de dólares.

Com isso, chegamos a um acordo informal. Concordamos que sua equipe elaboraria uma proposta formal, para atender às práticas financeiras e contábeis do seu banco, e, em seguida, apresentaríamos isso ao conselho. Estávamos atuando como parceiros, para alcançar um objetivo mutuamente atraente. Se eu tivesse sido um vendedor tentando promover uma nova ideia comercial, teria muito mais dificuldade para convencer um CEO cético e um quadro funcional de planejamento e finanças ainda mais cético.

O aplicativo PowerPoint é um estigma que o pessoal de escalão inferior e os vendedores são muitas vezes forçados a usar. Os parceiros não convencem uns aos outros por meio de uma apresentação. Convencem uns aos outros tomando xícaras de café.

Se você quiser atuar como parceiro e parecer parceiro, observe como profissionais do mesmo nível realmente interagem. Aprenda o código e o utilize em seu benefício. Se você atuar como um dos pares e como um parceiro, será tratado como tal. Se atuar como um funcionário tenso do escalão inferior ou como um vendedor arrogante, será tratado desse modo. Para se tornar um parceiro confiável, siga os três outros princípios.

Seja confiável

A credibilidade e a confiança andam de mãos dadas. Podemos gostar de pessoas que se parecem conosco e atuam como nós, mas não confiaremos nelas se não conseguem ser prestativas e se não são confiáveis. A implicação é que a credibilidade resulta das ações e não das palavras; ela será construída lentamente e de modo incremental ao longo do tempo. No longo prazo, isso é verdade. As parcerias profundas vêm da credibilidade profunda: ambos os lados compreendem as respectivas capacidades e estabelecem históricos longos.

O desafio é como desenvolver a credibilidade e a confiança no curto prazo. Se quisermos influenciar alguém, não poderemos nos permitir esperar cinco anos enquanto formamos um histórico de sucesso com aquela pessoa. Precisamos de um modo abreviado para construir rapidamente a credibilidade.

O modo mais rápido de se fazer isso é apresentar nossas credenciais. Isso é o que cada desempregado faz ao mostrar seu currículo. Também podemos enviar currículos, antecipadamente, para possíveis novos clientes, de modo que tenham tempo de analisá-lo. Isso evita a armadilha do festival de fanfarronices descrito a seguir. No trabalho diário, não é natural enviar seu currículo para colegas, chefes ou outras empresas. Precisamos ter outro modo de alcançar o mesmo objetivo.

Observar o primeiro encontro de dois executivos é como observar dois cachorros se cheirando. Cada lado quer conferir o outro, e quer saber quem é a pessoa na posição dominante. Em seguida, a conversa gira ao redor de quem realizou o quê e de quem trabalhou com quem. É um festival de fanfarronices: os dois lados se vangloriam, em geral a respeito das suas experiências ou dos seus contatos. O problema com a fanfarronice é que aquilo que é dito e aquilo que é escutado são completamente diferentes. A pessoa que fala acha que está apresentando credenciais, criando credibilidade e confiança.

O princípio da parceria: torna-se o parceiro confiável

O ouvinte escuta uma disputa, em que as reações tendem a ser negativas.

- Se sua experiência for menor do que a minha, por que devo escutá-lo?
- Se sua experiência for melhor do que a minha, mostrarei a você que isso não é importante. Não tente me diminuir.

Há outro modo de forjar credibilidade.

- Escutar: deixe a pessoa se vangloriar, falar sobre seus triunfos, desastres e desafios. Não há necessidade de competir com ela. Aprenda sobre a situação dela, crie afinidade e demonstre compreensão.
- Formular perguntas inteligentes: boas perguntas demonstram qualificação e estimulam maior transparência.
- Mostrar algum insight: assim que você entender a situação, pode acrescentar algumas ideias e agregar algum valor. Em vez da fanfarronice geral, concentre seu insight na área crítica do interesse mútuo. Você demonstra credibilidade por meio da cooperação e não da competição.
- Seguir de perto: o rápido acompanhamento é uma forma rápida de desenvolver credibilidade. Pode ser tão simples como enviar um resumo da reunião, encaminhar um papel ou um link importante ou realizar uma apresentação. Faça isso depressa e o destinatário se impressionará. Faça isso de modo sistemático após cada reunião e você consolidará uma reputação positiva.

Há um truque para compartilhar bem a expertise. Esse gesto, realizado de modo insatisfatório, pode parecer fanfarronice. Primeiro, certifique-se de que sua expertise se concentra sobre o assunto discutido. Em uma discussão a respeito de contratos, um novo colega começou a falar acerca do seu envolvimento com diversos contratos. Era uma fanfarronice sem propósito, que irritou as pessoas.

Outro colega esperou. Quando a discussão passou para o assunto das garantias, ele, com tranquilidade, expôs diversos exemplos bons e ruins de garantias contratuais. Gerou expertise e credibilidade por meio da cooperação e não por meio da competição. Começamos a recorrer a ele, que adquiriu uma influência inacessível ao fanfarrão.

Seja generoso

É muito difícil confiar em alguém que parece agir em benefício próprio. Em junho de 2009, a BBC divulgou uma pesquisa realizada em conjunto com o instituto Ipsos MORI. Constatou que 80% das pessoas não confiavam em que os parlamentares que elegeram falavam a verdade. O motivo para isso apareceu depois, na pesquisa: 84% das pessoas achavam que os políticos estavam no Parlamento em benefício próprio ou, ocasionalmente, em benefício dos seus partidos. Somente 11% julgavam que eles colocavam os interesses dos eleitores ou do país em primeiro lugar. Se você parecer egoísta, será muito difícil mostrar-se um parceiro confiável e exercer uma influência positiva.

Se quiser parecer generoso, atue assim desde o início. Depois que a reputação está estabelecida, ela tende a persistir. Assim, cause uma boa primeira impressão. A melhor maneira de parecer generoso é *ser* generoso: ofereça-se para ajudar seu parceiro, mesmo se isso lhe trouxer algum custo no curto prazo.

Tenho um empreiteiro. Seu apelido é Jim "Cimento e Areia", pois não há problema que ele não resolva com um pouco de cimento e areia. Eu o mantenho longe das instalações elétricas e hidráulicas. Quando o conheci, ele me atraiu com um ato simples de evidente generosidade. Concordamos com um preço para um determinado trabalho. Na metade do caminho, Jim descobriu outro problema, que consertou (com um pouco de areia e cimento) e não cobrou nada a mais. Custou pouco, mas rendeu-lhe muito. Ao não pedir mais dinheiro, ele pareceu ser confiável e foi para o alto da lista dos aptos a realizar algum trabalho muito maior em um futuro próximo.

Como as empresas estão ficando mais mesquinhas e mais enxutas, é muito mais fácil se destacar com pequenos atos de generosidade. Um investimento reduzido rende muito. Se você observar, poderá sempre descobrir modos de parecer generoso. Frequentemente, esses atos de generosidade geram ricas recompensas.

Fui visitar um cliente para analisar um projeto. Ele parecia cansado e, sem dúvida, não tinha ânimo para analisar projetos. Assim, perguntei-lhe o que estava acontecendo. Ouvi-o reclamar de um grande discurso que precisava proferir em uma conferência. Contratara um redator e o resultado fora lastimável. Embora brilhante, o discurso não apresentava o que o cliente queria dizer nem como queria dizer. Eu estava acostumado a escrever discursos para políticos e, dessa maneira, disse que podia ajudá-lo informalmente. Dediquei uma noite, mais ou menos, do meu tempo pessoal para elaborar o discurso: conhecia o setor do cliente e seu estilo pessoal. Assim, não foi um grande problema. O cliente ficou satisfeito e o discurso deu certo. Três meses depois, obtivemos uma prorrogação contratual importante dele.

Um cliente asiático não sabia como matricular seus filhos adolescentes em uma universidade europeia. Essa foi uma vitória muito fácil: apresentei um professor que tinha interesses no setor do cliente e os deixei conversando. O resultado foi um professor, um cliente, crianças e um consultor felizes; foi um ganho triplo.

É sempre possível encontrar oportunidades para se distinguir por meio de atos de generosidade: tomar alguma iniciativa opcional, fazer uma apresentação, encaminhar algum material de leitura importante. Inevitavelmente, haverá aproveitadores, que sempre pedem sem dar nada em troca. Não reclame deles. Na surdina, torne-se indisponível ou inacessível para essas pessoas.

A maioria, porém, sentirá vontade de retribuir. Se forem poderosas, não lhes custará nada garantir uma promoção, uma tarefa interessante ou um contrato para você.

Aproveite ao máximo os momentos decisivos

As crises e os conflitos constroem ou arruínam as reputações, a confiança e as parcerias. Os momentos decisivos serão abordados com detalhes no capítulo 10. Por enquanto, é suficiente observar os princípios que permitem que um administrador forje a confiança e a credibilidade no que são, frequentemente, circunstâncias adversas. Converter a adversidade em trunfo é essencial em dois tipos de situação:

- crises;
- conflitos.

As crises acontecem. É o momento em que as pessoas revelam o melhor e o pior das suas personalidades. Algumas simplesmente se escondem ou praticam o jogo das acusações. Outras mergulham numa orgia de análises. Nenhuma dessas reações é muito proveitosa. Em comparação, pessoas que oferecem esperança, apresentam soluções e motivam a ação são como ouro em pó. Na crise de crédito de 2008, inúmeros analistas e políticos espalharam acusações e análises. Nenhum deles saiu da crise sem arranhões. Os poucos que emergiram com as reputações intactas foram positivos e enfocaram ações e soluções. Atuar desse modo exige coragem, pois é mais seguro refugiar-se nas análises. Para a pessoa ser realmente influente, é necessário assumir algum risco e se destacar em relação à multidão em vez de simplesmente segui-la.

O conflito é natural dentro de qualquer organização. Ocasionalmente, a guerra fria do atrito interdepartamental pode se transformar em uma desagradável guerra quente. A tentação é vencer a discussão e sair vitorioso do campo de batalha. Há algumas circunstâncias limitadas em que o certo é lutar (ver o capítulo 10). Em princípio, contudo, é melhor ganhar um amigo do que ganhar uma discussão. Se você ganhar a discussão, terá um inimigo e perderá a influência positiva ou a confiança em relação àquela pessoa. Se você ganhar um amigo, será muito mais fácil solucionar as diferenças depois do calor do momento. Ao lidarem bem com o conflito, vocês, provavelmente, fortaleceram sua aliança e seu respeito mútuo.

Converter a hostilidade em aliança se baseia em alguns princípios simples:

- enfoque o resultado, estabelecendo aonde você quer chegar, se no ganho mútuo ou no ganho de um e na perda de outro. Veja se há um objetivo mútuo que vocês podem buscar;
- despersonalize o conflito, que pode ficar muito confuso e pessoal. Não morda a isca. Se houver culpa a atribuir, culpe o sistema em vez da pessoa;
- encontre um denominador comum. Desloque as áreas de desacordo para as áreas de acordo. Construa a partir dessas áreas;
- dê algum tempo, enfocando o que você pode fazer. O tempo esfria as emoções e permite a emergência das soluções.

Resumo

As pessoas são influentes quando dispõem de uma ampla rede de relações profundas. Ao longo dos anos, a quantidade de crises e conflitos aumenta; em todas, você está ampliando sua rede ou a enfraquecendo. Utilize bem essas ocasiões para ampliar sua rede de influência. Outros administradores podem querer ganhar uma batalha ocasional, mas a influência exige ganhar a guerra e estabelecer uma rede de alianças e poder.

CAPÍTULO 8

Construindo a confiança

A confiança é a moeda da influência. Para entender até que ponto dependemos da confiança, pegue uma nota de dólar. Nela, estão impressas as palavras "In God We Trust" ("Em Deus confiamos"). Independentemente da fé religiosa, precisamos ter fé na moeda. Damos uma nota de um dólar para um lojista e nós dois aceitamos que ela vale um dólar. Trocamos outra nota de papel verde e nós dois confiamos que ela vale 20 dólares. Dê ao lojista outra nota de papel verde e... e ela não vale nada se é somente um pedaço de papel verde. A confiança, ainda mais do que o dinheiro, faz o mundo girar.

> A confiança é a moeda da influência

Quando a confiança desaparece, o desastre sobrevém. Em 14 de setembro de 2007, grandes filas apareceram à porta das agências de um dos maiores credores hipotecários britânicos, o banco Northern Rock. A confiança de que o banco seria capaz de pagar seus depositantes desapareceu durante a noite e todos os clientes quiseram seu dinheiro de volta. Rapidamente, o banco afundou e teve de ser salvo pelo governo; pelo que se viu depois, esse foi o prelúdio da crise de crédito.

Construindo a confiança

A confiança é tão importante em nossa vida que a admitimos como natural, como o ato de respirar. Felizmente, a maioria de nós tem uma confiança razoável a maior parte do tempo. Se desconfiássemos do dinheiro, dos bancos, da segurança dos alimentos, das viagens aéreas e da água que bebemos, a vida se tornaria muito difícil. Também tendemos a confiar uns nos outros, mais ou menos. O dobro das pessoas acreditam, em comparação às que não acreditam, que uma pessoa comum fale a verdade. Em geral, isso acontece porque não há nenhum grande motivo para que elas mintam. Confiar mais do que isso (como emprestar cinco dólares para a compra de uma passagem, que elas prometem nos devolver pelo correio) é outra questão. Em resumo, a confiança não é como um interruptor de liga/desliga, que nos leva a acreditar ou não em alguém. Há graus de confiança: pensar que um estranho diz a verdade é a forma mais frágil de confiar.

A confiança está no olhar do observador. Podemos nos considerar confiáveis, mas isso não conta. Temos de ser considerados confiáveis pelos outros. Uma posição de autoridade não significa automaticamente que a pessoa que a ocupa mereça confiança. Algumas a merecem confiança; outras não. Podemos observar isso na posição da opinião pública em relação a diferentes profissões. A pesquisa a seguir formulou uma pergunta simples: você confia que esse grupo profissional diz a verdade?

Índice líquido de confiança (+) e não confiança (−) (EUA)	
Médicos	+73%
Professores	+68%
Cientistas	+58%
Jornalistas	−19%
Líderes sindicais	−30%
Advogados	−41%

Fonte: adaptado de Harris Poll #61 2006

É tanto previsível que confiemos em médicos e professores, como previsível que não confiemos em advogados, líderes sindicais e jornalistas. Os políticos e os corretores da bolsa de valores também não se saíram muito bem, e essa pesquisa foi realizada antes da crise de crédito massacrar a reputação dos profissionais dos serviços financeiros. Esses resultados são bastante consistentes em todo o mundo. No Reino Unido, uma pesquisa similar (não idêntica) também considerou os médicos e os professores os profissionais mais confiáveis. Novamente, os jornalistas ficaram perto do fundo do poço, juntamente com políticos e líderes empresariais.

Índice líquido de confiança (+) e não confiança (–) (Reino Unido)

Médicos	+ 86%
Professores	+ 79%
Catedráticos	+ 70%
Líderes empresariais	– 29%
Políticos	– 52%
Jornalistas	– 55%

Fonte: Ipsos/MORI Veracity Index 2008

No trabalho, a confiança é essencial. Os manuais de regras e as diretivas da empresa não podem legislar em favor da confiança. Os administradores mais influentes tendem a merecer mais confiança: as pessoas são preparadas para trabalhar com aqueles em quem confiam.

A confiança tem de ser conquistada em vez de pleiteada. Um exemplo breve expõe o quanto parecemos suspeitos ao pleitear o merecimento de confiança: "Veja, tudo bem, John, sou o tipo de cara correto... Claro que sou um homem honesto... Se eu estivesse mentindo..." (primeiro-ministro Tony Blair, BBC Radio 4, 13 de maio de 2005, a respeito de um relatório do Iraque). Assim que começamos a proclamar nossa honestidade e fidedignidade começamos a parecer um comerciante trapaceiro ou, pior, um político.

A confiança não é um pó mágico que alguns administradores possuem e outros não. É algo que todo administrador pode adquirir com esforço. A confiança é função de quatro variáveis, que podemos dispor como uma equação simples. Aí está em toda a sua exatidão matemática espúria:

$$T = (V \times C)/(R \times D)$$

Onde:

T = confiança
V = alinhamento de valores
C = credibilidade
R = risco
D = distância

Para entender como desenvolver a confiança, precisamos saber como administrar cada uma das quatro variáveis. Antes de começarmos, lembre-se de que a confiança é desenvolvida com uma pessoa de cada vez.

Alinhamento de valores

Quanto mais aparentamos compartilhar valores comuns, perspectivas e prioridades com alguma outra pessoa, mais tenderemos a confiar nela. Esse pode ser um alinhamento social ou empresarial. Se duas pessoas compartilham históricos, credos, perspectiva política, educação ou experiências similares, tendem mais a confiar uma na outra. Podemos pregar os valores da diversidade, mas preferimos a conformidade. A diversidade significa desafio, e é boa tanto para a sociedade como para as empresas. No entanto, cotidianamente, os administradores preferem trabalhar com pessoas com quem há uma chance mínima de mal-entendidos. A gritante falta de diversidade no alto escalão da maioria das empresas é produto dessa tendência de conformidade. As mulheres são admitidas na sala da diretoria, mas principalmente para preparar o chá. Nos Estados Unidos e no Reino Unido, menos de 15% dos diretores dos conselhos são mulheres, e a maioria está em cargos não executivos. Igualmente, se considerarmos o alto escalão das empresas francesas, chinesas, norte-americanas ou japonesas, elas tendem a ser administradas por cidadãos nativos. As exceções são dignas de nota, mas não são típicas. A evidência esmagadora é que os administradores preferem a conformidade à diversidade.

Essa observação simples condiciona muito o comportamento. Por exemplo, fui convidado para ir atirar no norte da Inglaterra. Não era um convite para me unir a uma gangue urbana e entrar na guerra das drogas. Era um convite para atirar em alguns galos silvestres em um brejo. Aceitei, o que foi um erro em quase todos os níveis. As armas de fogo me assustam, e os donos de armas me assustam ainda mais. No entanto, o evento foi um grande sucesso para a maior parte do grupo de homens de negócios. Eles tinham uma pontaria péssima, o que foi bom para os galos silvestres. Mas qualquer um que queira ir a um evento como esse compartilha uma certa visão de mundo, altamente tradicional e de direita.

Assim, esses homens passaram o fim de semana confirmando uns aos outros que o mundo estava num estado terrível e que precisava de gente decente como eles para recolocar-se no caminho certo. No final do domingo, eles alcançaram um perfeito alinhamento de valores. Estavam prontos para fechar muitos negócios, pois criaram confiança mútua.

Provavelmente, atirar no escritório não é a melhor maneira de forjar o alinhamento de valores. Felizmente, há modos mais simples de fazer isso.

O primeiro passo no desenvolvimento do alinhamento de valores é escutar. A arte de escutar já foi abordada com algum detalhe.

Construindo a confiança

Ouvir com simpatia faz a pessoa que fala acreditar que você respeita sua visão de mundo. Também permite que você descubra qual é essa visão de mundo. Mesmo se houver muita coisa de que você não gosta ou discorda, tente descobrir alguns pontos em comum. Concentre a conversa nas áreas de acordo e não de desacordo. Se a única área de acordo forem os filmes ou esportes favoritos, esse será um passo na direção correta.

Não podemos pretender ter os mesmos valores de todas as pessoas. No entanto, podemos, no mínimo, respeitar os valores dos outros. Demonstrar interesse, e até admiração, por valores, escolhas e estilo de vida de outra pessoa ajuda a forjar confiança. O respeito revela que você não irá atacar ou menosprezar alguém por aquilo que é ou que faz. Além disso, sempre há alguma coisa boa para encontrar em alguém. Ao trabalhar com um político, por exemplo, constatei que ele sempre tinha uma boa palavra a dizer para todos que encontrava. Observei quando ele foi apresentado a um estranho:

— O que você faz? — indagou o político.

— Sou dono de uma casa de penhores.

Eu ri interiormente. O que o político poderia dizer em relação a isso? Na mitologia popular, os penhoristas aproveitam-se dos mais fracos e dos mais frágeis, ganhando dinheiro à custa deles. Sem dúvida, não haveria nada de muito bom a dizer.

— Maravilhoso! — surpreendeu-me o político. — Os penhoristas foram os primeiros banqueiros. Começaram o comércio tal qual conhecemos. E, atualmente, vocês prestam um serviço essencial para todas as pessoas que não conseguem obter crédito em outros lugares...

À medida que o político falava, o penhorista se enchia de orgulho. Ele tinha encontrado alguém que o entendia e o respeitava. Era outro voto conquistado.

Se você compartilhar os mesmos valores, ou demonstrar respeito pelos valores das outras pessoas, terá iniciado a construção da confiança.

Credibilidade

> A credibilidade é tão frágil quanto um vaso: um deslize e eles se quebram. Para sempre

Se você conseguir falar de maneira a convencer ou impressionar (alinhamento de valores), também terá de ser coerente com o próprio discurso (credibilidade). Deve ser capaz de fazer o que diz. A credibilidade é tão frágil quanto um vaso: um deslize e eles se quebram. Para sempre. Nas palavras de Shakespeare: "Não confie na pessoa que faltou com a palavra uma vez".

Manter a credibilidade significa administrar as expectativas com muito cuidado. É fácil fazer promessas sem perceber. Se a expectativa não é satisfeita, nós falhamos, ainda que julguemos não haver feito nada de errado. Muito disso caracteriza-se pelo uso da linguagem. Por exemplo, podemos dizer coisas como:

"Eu vou tentar..."
"Eu espero..."
"Eu vou fazer o máximo possível..."

Sem dúvida, achamos que não estamos assumindo um compromisso. Esses são subterfúgios utilizados pelos políticos. Proporcionam uma saída se as coisas não acabam bem. No entanto, o que falamos e o que ouvimos são coisas diferentes. O que se ouve é "Eu vou..." Depois de tentar, ter a expectativa e fazer o máximo possível, mas sem obter sucesso, simplesmente se falhou no cumprimento do compromisso perceptível. Precisamos garantir que as percepções e as expectativas sejam entendidas corretamente. Se não tivermos certeza de que podemos fazer alguma coisa, precisamos ser mais claros. Subterfúgios não são suficientes. Temos de explicitar com precisão por que algo talvez não seja possível e quando descobriremos se realmente podemos fazê-lo ou não.

Podemos perder credibilidade até mesmo quando não dizemos nada. As avaliações anuais são um momento decisivo, em que os chefes geram ou perdem confiança em relação a sua equipe. Os

Construindo a confiança

membros podem aceitar más notícias, mas acham difícil aceitar surpresas. Se você ficou em silêncio, ou foi evasivo acerca das falhas de um membro da equipe, as avaliações anuais serão problemáticas. Se você subitamente manifestar franqueza na avaliação anual, o membro da equipe ficará chocado. Se você foi sincero ao longo do ano, deu *feedback* e apoio claros, então terá gerenciado bem as expectativas: as más notícias não serão uma surpresa. Ser honesto ao longo do ano forja credibilidade e respeito. Os membros da equipe odeiam a ambiguidade e a incerteza. Ser claro a respeito do desempenho permite que eles melhorem no momento certo.

O processo de construção da credibilidade é lento. Se acreditamos na pessoa comum é porque não tivemos a chance de ficar desapontados com ela. Passar dessa forma frágil para uma forma forte de confiança demanda tempo. Na prática, temos inúmeras oportunidades de demonstrar nossa credibilidade e fidedignidade.

> Se acreditamos na pessoa comum é porque não tivemos a chance de ficar desapontados com ela

Depois de um primeiro encontro, podemos enviar um breve resumo, ou uma nota de agradecimento, ou seguir um ponto de ação no mesmo dia. Desse modo, sinalizamos que podemos merecer confiança. Se alguém deixar uma mensagem para nós, geraremos credibilidade respondendo com rapidez. Se tivermos de ser lembrados acerca da resposta, ou se tivermos de ser lembrados acerca de um ponto de ação, perderemos credibilidade. A partir desse início muito simples, podemos progredir para demonstrações maiores de credibilidade.

Quanto maiores as apostas, mais importante é gerenciar as expectativas e cumprir nossas promessas. Para os membros da equipe, promessas de promoções, tarefas e bônus são apostas muito altas. Como seres humanos, tendemos a ouvir o que queremos ouvir. E queremos ouvir que vamos ganhar a melhor tarefa, a próxima promoção e o melhor bônus; sem dúvida, acreditamos que merecemos. Contra essas expectativas, os administradores devem ser brutalmente sinceros e claros. Parece complicado ser tão claro e sincero, mas é um jeito muito melhor de construir o respeito e a credibilidade do que desaparecer numa floresta de palavras vagas e de meias promessas.

A intimidade com valores e a credibilidade levam a confiança a aumentar ao longo do tempo. Há duas coisas que reduzem a confiança: o risco e a distância. Temos de gerenciá-las como gerenciamos ativamente nossa credibilidade e como demonstramos nossos valores.

Risco

O risco é a ferrugem na confiança. É corrosiva em relação a nossa capacidade de confiar nas pessoas. Quanto maior o risco, menos tendemos a acreditar em estranhos. Nas pesquisas que vimos há pouco, observamos que a maioria de nós confia que os estranhos dizem a verdade. A menos que desejemos alcançar uma grande pobreza, não tendemos a confiar a um estranho as economias de toda a nossa vida.

> O risco é a ferrugem da confiança

No trabalho, há dois modos pelos quais podemos utilizar o risco em nosso benefício. Podemos reduzi-lo ou aumentá-lo.

Uma boa forma de gerenciar o risco é aumentá-lo de modo seletivo. Se uma nova linha de ação parecer arriscada, as pessoas naturalmente preferirão não fazer nada. A resposta pode ser reduzir o risco perceptível da nova ideia. Também é válido elevar o risco perceptível de não fazer nada. Quando a inação parecer muito arriscada, as pessoas começam a buscar alternativas. Se necessário, crie a crise e mostre suas consequências terríveis. Isso é o que o presidente de uma empresa global de produtos eletrônicos fez, com grande impacto. A empresa estava em crise, vítima da violenta concorrência asiática. Para sobreviver, precisava de um importante condicionante para corte de gastos. O presidente divulgou uma mensagem simples: 20% a menos de gastos, 20% a

> Uma boa forma de gerenciar o risco é aumentá-lo

menos de capital de giro, 20% a menos de funcionários até o fim do ano.

A primeira reação foi que os chefes de divisão identificaram todos os riscos e motivos lógicos que tornavam os objetivos inexequíveis. Por exemplo:

- acabamos de cortar 20% e, assim, sem dúvida, não devemos voltar a cortar;
- vamos crescer 20% e, assim, não devemos fazer nenhum corte;
- já temos os melhores custos comparativos do setor e, assim, não devemos cortar;
- somos a P&D, o marketing e as vendas e o futuro da empresa e, assim, não devemos cortar.

Todas essas objeções eram racionais e lógicas. Se o presidente as tivesse aceitado, a empresa agora estaria falida. Quando aceitamos justificativas, aceitamos também o fracasso. Os riscos e os problemas que os chefes de divisão identificaram eram racionais e lógicos, mas teriam levado a empresa à falência.

> Quando aceitamos justificativas, aceitamos também o fracasso

O presidente decidiu aumentar a aposta e incrementar o risco de não mexer um dedo. Na sua lista de cortes de 20%, ele acrescentou um corte a mais para a reflexão dos chefes de divisão: "Se não providenciarem o corte de 20%, vocês serão parte dos 20%". Então o risco de não fazer nada cresceu vertiginosamente, em comparação ao risco de assumir o corte de 20%. De modo mais abrangente, ficou claro que a opção não era entre cortes de 20% ou nenhum corte, e sim entre cortes de 20% e cortes de 100% a partir da falência.

Cortar 20% do pessoal parecia terrível. Mas a empresa falir (os bancos queriam seu dinheiro de volta) e ser destruída pela concorrência estrangeira era uma alternativa ainda pior. Se a opção fosse perder 20% dos empregos ou nenhum emprego, o status quo seria mantido. Quando a opção era perder 20% dos empregos ou 100%

dos empregos, a opção dos 20% começou a parecer muito mais atraente.

A maioria das organizações e dos administradores resiste à mudança, pois mudar é mais arriscado do que não fazer nada. Aumentar o risco perceptível de não mexer um dedo altera a equação em favor da mudança.

O modo mais convencional de gerenciar a percepção do risco é reduzi-lo. O segredo é compreender que o risco não é apenas lógico, mas também emocional e pessoal. Os gerentes de projeto que se apaixonam por suas planilhas de risco e controle não percebem o sentido exato. Seus riscos lógicos podem ser gerenciados por meio das ações corretivas adequadas. Os riscos assassinos são pessoais:

- como essa ideia afetará a mim e aos meus possíveis clientes;
- quanto esforço terei de investir;
- como ficarei se essa ideia tiver sucesso ou fracassar.

Quando os colegas contestam uma ideia, utilizam objeções racionais, pois os administradores têm de fazer de conta que são racionais. Foi isso que os chefes de divisão fizeram: utilizaram objeções racionais para tentar interromper algo de que pessoalmente não gostavam. Isso representa uma armadilha para os administradores. Combater objeções emocionais com respostas lógicas é como combater o fogo com gasolina: em geral, acaba em lágrimas.

> Combater objeções emocionais com respostas lógicas é como combater o fogo com gasolina

O administrador que influencia aprenderá a separar as respostas racionais das emocionais. Os riscos verdadeiramente lógicos apresentam um padrão próprio:

- não serão uma surpresa, pois quanto mais criativo e inesperado o desafio, mais tende a ser uma objeção racional que oculta um medo emocional;
- serão apresentados de modo positivo — "como lidamos com" — em vez de "é impossível, pois...";

- levam a uma discussão acerca de soluções;
- chegam em doses pequenas, em lugar de receber diversas objeções.

Os riscos lógicos podem ser tratados logicamente. Os riscos emocionais precisam ser tratados emocionalmente. O presidente da empresa de produtos eletrônicos apresentou um modo efetivo de fazer isso: aumentou as apostas para cada chefe de divisão. Em tempos menos traumáticos, vale a pena reduzir os riscos perceptíveis. Trata-se de uma combinação do ato de ouvir (capítulo 5) e da arte da conversa persuasiva (capítulo 12). Essas discussões são produtivas somente em particular. Em público, os administradores têm de manter a fachada racional. Em particular, podem ser mais abertos acerca dos seus interesses pessoais e da agenda.

Distância

A distância é o oposto da intimidade com valores e da credibilidade. Quanto maior a distância entre duas pessoas, menos elas tendem a confiar uma na outra. Há quatro tipos principais de distância:

- entre o que dizemos e o que temos em mente;
- entre o que dizemos e o que fazemos;
- entre seus interesses e meus interesses;
- entre meu histórico, minha experiência e meus valores e os seus.

O que dizemos e o que temos em mente

Para entender a distância entre o que dizemos e o que temos em mente, escute um político. Eles são mestres na arte de usar as palavras para dizer uma coisa e ter em mente outra. No caso Monica Lewinsky, por exemplo, o presidente dos Estados Unidos à época,

Bill Clinton, afirmou não ter havido relação sexual. Se usarmos uma definição muito limitada de "relação sexual", Clinton tinha razão. Mas ele também nos enganou. Quando os políticos são pegos enganando, eles não admitem a mentira. Usam frases como "Não fui bem entendido" ou "Incorreção terminológica". E depois ainda querem saber por que não merecem confiança.

George Orwell previu a ascensão da retórica ambígua em seu romance *1984*, no qual os Ministérios faziam o contrário do que seus nomes diziam. Veja alguns exemplos.

- Ministério da Paz: responsável pela guerra contínua.
- Ministério da Fartura: responsável pelo racionamento.
- Ministério da Verdade: responsável pela propaganda.
- Ministério do Amor: responsável pela eliminação e a tortura dos dissidentes.

O mundo empresarial está seguindo rapidamente o mundo político, usando palavras para não dizer as coisas com franqueza. Há doze palavras mais perigosas e enganosas em uma empresa, como você verá a seguir.

1 *Simplesmente.* É usada para fazer um pedido enorme ou para um erro parecer trivial, como em: "Você pode simplesmente preparar esse documento (de 500 páginas) para segunda-feira?" Trata-se de um pedido feito no final do expediente de sexta-feira.

2 *Mas.* Lembre-se, tudo o que for dito antes de "mas" é conversa fiada, como em: "Foi uma grande apresentação, mas..." ou "Gostaria de ajudar, mas..."

3 *A partir de.* Muito apreciada pelos anunciantes, como "Voe para Roma a partir de 10 libras", excluindo as 100 libras de taxas e outros adicionais "opcionais" para um vôo que parte às quatro da manhã e vai até um aeroporto a cerca de 100 quilômetros de Roma, e para uma passagem que tem de ser reservada com um ano de antecedência.

4 *Poderia* (e qualquer outro verbo condicional). Usa-se "poderia" para se conseguir duas coisas: primeiro, estabelecer uma posição de negociação, como em: "Eu poderia ser capaz de fazer isso se..." Segundo, criar a base para justificar fracassos, como em: "Eu poderia ter feito isso se..."

5 *Somente.* Muito relacionada com "simplesmente", é uma tentativa de fazer um pedido enorme ou de fazer um problema parecer pequeno. "Foi somente um pequeno erro... Jogamos somente uma única bomba nuclear sobre Londres..."

6 *Importante* (e urgente). Usada para inflar qualquer apresentação. "Esse importante e novo produto/iniciativa..." Importante para quem? E por quê? Talvez seja importante para a pessoa que fala, mas por que seria para mim?

7 *Estratégico.* "Importante", mas com mais ênfase. Ver Departamento de Capital Humano Estratégico, anteriormente conhecido como Departamento Pessoal. Ou, palavra usada para justificar algo que não possui nenhuma justificativa financeira: "Esse investimento estratégico em TI... (que custa 100 milhões de libras e não tem nenhum retorno financeiro identificável) é fundamental para a sobrevivência da empresa".

8 *Enxugamento, downsize, best shore, offshore, terceirização, otimização, reestruturação, downshift, reengenharia.* Quantas maneiras existem para não dizer diretamente: "Vamos dispensar empregados?"

9 *Obrigado.* Em geral, "obrigado" é bom, exceto quando usado por vozes mecanizadas em *call centers*, dizendo: "Obrigado por ligar, sua ligação é muito importante para nós..." (E nós desprezamos tanto nossos clientes que não podemos nos dar ao trabalho de responder a sua chamada imediatamente; assim, o colocaremos em espera até você desistir e tentar utilizar nossa ajuda on-line impenetrável e inútil.)

10 *Interessante.* Desconfie dessa palavra. Quando seu advogado a utilizar, você está condenado. Quando seu médico a utilizar, verifique se o seu testamento está atualizado. A recessão é, sem dúvida, interessante. Um tempo um pouco menos interessante seria preferível.

11. *Oportunidade*. Como a palavra "problema" foi banida do discurso empresarial, todos os problemas se tornaram "oportunidades". Isso significa que muitas oportunidades são problemas. Há um limite em relação a quantas oportunidades eu posso resolver. As palavras "interessante" e "oportunidades estratégicas" realmente me assustam.

> As palavras "interessante" e "oportunidades estratégicas" realmente me assustam

12. *Investimento*. "Investimento" foi uma palavra sequestrada pelo governo britânico para justificar o gasto frenético e descontrolado do setor público. Os gastos são ruins, mas o investimento é bom; assim, o governo britânico simplesmente reclassificou gasto como investimento e fez o mau parecer bom.

Há boas notícias nisso. Quanto mais o jargão e os subterfúgios tornam-se endêmicos, menos os administradores merecem confiança. Isso cria espaço para administradores que utilizam linguagem sem rodeios, e que dizem o que têm em mente, destacar-se em relação ao resto dos colegas. Às vezes, a arte da influência não é tão sofisticada. Faça o básico direito, e você pode ser diferente de forma perceptível e melhor do que os colegas que tentam ser inteligentes.

A distância entre o que dizemos e o que fazemos

A maioria de nós não pretende ser desonesta. No entanto, podemos, inadvertidamente, fixar expectativas impossíveis de satisfazer, como exposto na seção sobre credibilidade. O problema não é o que dizemos; é o que nossos colegas decidem ouvir. Em caso de dúvida, comunique em excesso. Steve, que administra uma companhia de seguro de vida, desenvolveu uma regra de cinco para enfrentar esse problema: "Não ache que alguém entendeu alguma coisa até a pessoa ter ouvido, ao menos, cinco vezes". Seu fundamento lógico para a regra de cinco era:

- primeira vez — afirmação não ouvida em meio ao ruído das outras mensagens;
- segunda vez — afirmação ouvida, mas ignorada;
- terceira vez — afirmação ouvida, mas não realmente acreditada;
- quarta vez — afirmação ouvida, acreditada e incompreendida;
- quinta vez — eles podem ter entendido.

Além da repetição, a consistência e a exatidão são fundamentais. Assuma que as pessoas ouvem o que querem ouvir: interpretarão de modo incorreto o que você diz para minimizar o lado negativo e para maximizar o lado positivo. Se você disser algo cinco vezes, elas ouvirão a versão que quiserem ouvir. Se você for consistente, haverá uma única mensagem que elas podem ouvir.

A distância entre seus interesses e meus interesses

A distância entre seus interesses opõe-se à intimidade dos valores. Oitenta por cento dos entrevistados pela pesquisa (BBC Ipsos/MORI 2009) acreditam que os políticos agem principalmente em benefício próprio ou no benefício dos seus partidos; poucos entrevistados acreditam que eles ajam no interesse do país ou dos seus eleitores. Igualmente, os escândalos envolvendo os altos salários dos CEOs fazem muitas pessoas temer que estes andem agindo principalmente em benefício próprio e não no interesse dos funcionários ou dos acionistas. Os líderes empresariais e os políticos ocupam uma posição bem baixa em relação à veracidade perceptível.

Para reduzir a diferença, precisamos agir com independência generosa, ao menos de vez em quando. Temos de demonstrar que entendemos, respeitamos e, se preciso, que nos adaptamos às necessidades das outras pessoas. Se tudo que sempre fizermos for perseguir nossos próprios interesses, então poucas pessoas sentirão a necessidade de confiar em nós.

As organizações são idealizadas em torno de interesses concorrentes e conflitantes (ver capítulo 10). Todas as funções e todos os departamentos apresentam um conjunto diferente de prioridades e perspectivas. Como veremos depois, os influenciadores aprendem a colaborar, em vez de competir por meio da empresa.

A distância entre o meu histórico e o seu

Neste livro, um tema constante é o desejo por intimidade e conformidade. Consideramos muito mais fácil lidar com pessoas parecidas conosco, pois achamos que entendemos essas pessoas. A diversidade parece boa nos discursos dos políticos, mas eles não a praticam. A grande maioria decide se casar com pessoas da mesma cor; a diversidade das horas do dia leva à segregação do pôr do sol.

Mesmo em empresas com uma cultura fortemente conformista, as pessoas diferentes são... diferentes. A idade, sozinha, é um grande divisor de tudo, desde prioridades pessoais, experiência e gosto musical. Pedir para um homem de sessenta anos e um rapaz de vinte anos ouvirem a música um do outro é, em geral, fórmula para dor e descrença.

O modo mais fácil de reduzir a diferença relativa ao histórico é ouvir (capítulo 5). Mesmo ao não compartilhar a visão de mundo da outra pessoa, ao ouvi-la você demonstra respeito por ela. Você também aprende a respeito dela e pode encontrar algumas áreas em comum: construa sobre o que é comum e não sobre o que é diferente.

Resumo

A confiança é a força invisível por trás da mão invisível da influência. Ela tem de ser invisível. Quanto mais você falar abertamente acerca de confiança, menos confiável você parecerá. Dará a impressão de ser um político. Algumas pessoas possuem uma aura de confiança em torno de si; outras não. No entanto, não há mistério em relação a essa aura. Construir e usar a confiança se caracterizam pela equação de confiança simples:

$$T = (VxC) / (RxD)$$

A matemática pode não ser sólida, mas a lógica é: a intimidade com valores e credibilidade desenvolve a confiança; o risco e a distância enfraquecem a confiança. É uma equação que pode ser utilizada para construir as relações mais produtivas de todas: as parcerias de alta confiança.

CAPÍTULO 9

Tocando a música certa

Desde o momento em que Freud criou a psicanálise, os terapeutas têm tentado elaborar como as pessoas trabalham. Quanto progresso eles fizeram é uma questão em aberto. A maioria de nós não tem o tempo, a *expertise* ou a necessidade de se tornar psicanalista. Precisamos de alguns métodos abreviados para entender e influenciar rapidamente nossos amigos e colegas.

Felizmente, não precisamos colocar nossos colegas no divã para entendê-los. Para captar o comprimento de onda deles, há duas coisas que podemos fazer.

- Escrever o roteiro certo.
- Afinarmo-nos com nossos colegas: adaptarmo-nos aos seus estilos.

Para cada um desses objetivos há uma ferramenta simples que podemos utilizar para nos ajudar.

Escreva o roteiro certo

Recentemente, virei trilionário. Em dinheiro vivo. Calculo ter 400 trilhões de dólares. Podem ser alguns bilhões a mais ou a menos, mas, na verdade, nós, os trilionários, não ficamos muito preocupados com isso. Tenho o dinheiro no meu bolso. Infelizmente, os dólares são dólares de Zimbábue, e minhas quatro notas de 100 trilhões não são suficientes para comprar uma passagem de ônibus em Zimbábue, a terra dos bilionários famintos do mundo.

Gideon Gono foi presidente do Banco Central de Zimbábue desde 2003. Nesse tempo, o país passou de rico produtor de alimentos da África para a hiperinflação, o desemprego e a dependência de ajuda de produtos alimentares. Que tipo de história você elaboraria a seu respeito, se fosse o principal banqueiro do Zimbábue?

a) Fui um idiota completo, que destruiu um país próspero mediante uma combinação de cobiça, corrupção e incompetência.
b) Resisti com brilhantismo a sanções estrangeiras hostis e adotei políticas inovadoras, que o resto do mundo agora segue, o que mostra que Deus está do meu lado.

Provavelmente, você elaboraria uma história positiva a seu respeito. Isso é o que Gideon Gono tem feito. Eis o que ele declarou à revista *Newsweek* em janeiro de 2009: "Passei a fazer coisas extraordinárias, que não estão nos manuais. Então, o FMI pediu para os Estados Unidos imprimir dinheiro. Naquele momento, comecei a ver o mundo todo praticando o contrário do que me dizia para fazer. Decidi que Deus estivera do meu lado e viera me defender".

Agora, pense em quem Gono ouve e em quem influencia. Serão pessoas que desafiam sua visão de mundo e dizem que ele é um idiota ou serão pessoas que apoiam sua visão de mundo? As probabilidades são de que Gono ouça aquelas que entendem e respeitam seu roteiro. Se você quiser entender as pessoas, entenda seu roteiro pessoal ou sua autoimagem. Todos possuem um roteiro pessoal, e tendem a ter roteiros positivos.

Como teste, avalie-se a respeito das seguintes qualidades (se você está abaixo ou acima da média do resto da humanidade):

> Noventa por cento das pessoas consideram que estão acima da média. Isso é estatisticamente impossível, mas emocionalmente inevitável

honestidade, confiabilidade, fidedignidade, direção, trabalho e amor. Em geral, 90% das pessoas consideram que estão acima da média. Isso é estatisticamente impossível, mas emocionalmente inevitável. Esse quadro se reflete no ritual de avaliação anual. Em diversas empresas, 90% das pessoas são classificadas como na média ou acima dela. Os restantes 10% vão embora, evoluem ou são demitidos. Pensar bem a nosso próprio respeito é da natureza humana.

Uma vez que você entende a autoimagem da pessoa, consegue que ela faça mais ou menos qualquer coisa, desde que isso reforce sua autoimagem. Um chefe fez isso comigo sem dó. Ele sabia que eu era um aventureiro, que adorava desafios e excitação. Meu chefe também tinha um problema. A filial japonesa não era a terra do Sol nascente: era mais a terra do negócio afundando. Era um buraco de perdas sem fim. Ele precisava de alguém para reverter a situação. Deu-me uma palestra de cinco minutos a respeito da excitação, do exotismo e do desafio do Japão e fui fisgado. Havia alguns problemas secundários: eu não falava japonês, nunca tinha estado no Japão e era completamente desqualificado para a tarefa. E recebi uma passagem só de ida, o que tornou a missão ainda mais empolgante. Se eu tivesse refletido a respeito, teria rejeitado a proposta, mas a lógica foi sobrepujada pela emoção. Não ir seria uma negação de como eu enxergava a mim mesmo e de quem eu era. Seria impossível não aceitar o abominável desafio dos três anos seguintes da minha vida.

Demanda tempo e esforço decifrar os outros. Mas, depois do investimento realizado, este continua pagando dividendos. Entender a autoimagem de cada um é a chave para decifrar as pessoas.

Todos nós temos uma imagem de quem somos. Pode ser ou pode não ser como os demais nos veem. Frequentemente, nossa autoimagem pode ser captada em uma história simples acerca de quem somos e de como nos relacionamos com o resto do mundo. Inevitavelmente, cada história é única, pois cada ser humano é único.

No entanto, no trabalho, podemos identificar algumas histórias comuns a respeito de como as pessoas gostam de se enxergar. A seguir, listo dez dos arquétipos mais comuns que podemos observar no trabalho. À medida que você examinar a lista, provavelmente notará que alguns dos seus colegas correspondem a alguns arquétipos. Outros podem ser uma combinação de arquétipos, ou você pode ser capaz de criar seu próprio roteiro para eles.

Depois de entender como os colegas enxergam a si mesmos, você poderá elaborar outras três coisas:

- como usá-los, isto é, que valor eles trazem;
- como não usá-los, ou seja, em que eles representam um risco;
- como influenciá-los de modo sustentável.

Cada um dos arquétipos traz uma descrição muito breve de cada uma dessas três coisas.

VENCEDOR
Roteiro: "Ganho em tudo: empregos, amor, dinheiro, carros, esportes, investimentos".
Estilo: altamente competitivo, voltado a obter êxitos em excesso, muita necessidade de controle.
Valor: indique-lhe a tarefa correta, e ele assumirá o comando.
Lado negativo: desagregador. Medíocre na adversidade: iludido e autodestrutivo.
Chave de influência: mostre que você também é um vencedor, em outra área. Não entre em competição direta, mas não seja submisso: vencedores gostam de trabalhar com vencedores não competitivos.

ANJO
Roteiro: "Sou uma ilha de compaixão e ajuda em um mundo cruel e sem coração".
Estilo: atencioso, protetor e apoiador.

Valor: pode ser uma força tranquilizadora e unificadora em circunstâncias adversas.

Lado negativo: mais concentrado em lidar com pessoas do que em lidar com tarefas.

Chave de influência: seja simpático, admire seu trabalho e peça-lhe ajuda. Ele gostará de protegê-lo.

ARTESÃO

Roteiro: "Sou altamente profissional e habilitado no meu ofício".

Estilo: altamente racional e analítico, nada notável em tarefas ou em relação às pessoas.

Valor: frequentemente virtuoso no que faz.

Lado negativo: raramente se torna bom administrador; tende a se insular e focado no seu trabalho.

Chave de influência: respeite, reconheça sua capacidade; não questione seu talento. Muitas vezes, a contradição funciona: "Isso parece impossível; me disseram que ninguém no seu departamento pode fazer..." Então, ele provará que você está errado, fazendo o impossível.

PURITANO

Roteiro: "Sou uma ilha de decência em um mar de imoralidade e indolência".

Estilo: decência, honestidade, lisura, trabalho duro.

Valor: frequentemente, membro de equipe confiável, que trabalhará duro e em silêncio para cumprir a tarefa.

Lado negativo: não o convide para sua festa nem mencione seu último reembolso de despesas.

Chave de influência: ouça-o e deixe-o moralizar. Seja solidário com ele. Reconheça seu trabalho e seus valores, que podem ser ignorados pelas outras pessoas.

ARISTOCRATA

Roteiro: "Sou socialmente superior e muito bem conectado: devo falar como você?" Estilo: muito atento às pessoas e ao status.

Valor: frequentemente bem conectado dentro e fora da empresa. Pode abrir portas.

Chave de influência: muito flexível se você puder oferecer-lhe acesso a eventos e pessoas de prestígio. Ele quer o direito de se gabar. Faça-o suar: não lhe dê de imediato o que deseja.

BUROCRATA

Roteiro: "Sou diligente, efetivo e, em geral, não reconhecido".

Estilo: num dia bom, é orientado por duas estrelas, equidade e eficiência.

Valor: confiável, em particular para tarefas administrativas.

Lado negativo: foco no processo e não nos resultados. Lento, sem criatividade, averso ao risco. Pode considerar que a administração se ocupa com procedimento e não com pessoas.

Chave de influência: demonstre respeito, cumpra as regras e os procedimentos. Evite riscos. Seja claro e detalhado a respeito do que quer dele.

HERÓI

Roteiro: "Salvei o mundo/empresa/projeto do desastre iminente".

Valor: frequentemente bom nas crises e com prazos finais estreitos. Fará as coisas acontecer.

Lado negativo: pode ser dramático, escandaloso.

Chave de influência: respeite, admire seu papel de salvador do mundo. Demonstre que você precisa dele para voltar a salvar o mundo em sua área, e que, dessa vez, o mundo o reconhecerá e será grato.

POLICIAL

Roteiro: "Meu trabalho é interromper o desastre em andamento; sou o xerife que controla todos os caubóis por aqui".

Valor: pode identificar e evitar riscos; pode ser encontrado nos departamentos jurídico, de saúde e segurança do trabalho, de auditoria, de polícia da marca etc.

Lado negativo: cérebro programado para dizer "não".

Chave de influência: envolva-o desde o início. Isso demonstra respeito e significa que seus comentários podem ser agregados logo e de forma indolor. Deixe para mais tarde e você terá um conflito político oneroso.

INTELECTUAL

Roteiro: "Sou mais inteligente do que os tolos que são meus chefes e colegas".

Valor: orientado por desafios intelectuais.

Lado negativo: nada notável em relação às pessoas; pode ser um "lobo solitário".

Chave de influência: reconheça seu brilhantismo, peça seus conselhos, conhecimentos e experiência. Dê-lhe um palco para exibir seu talento.

VÍTIMA

Roteiro: "Sofro a atribulação do destino cruel com coragem e bravura. Pobre de mim".

Valor: não muito. Acredita que os eventos o controlam, em vez de ele controlar os eventos.

Lado negativo: obtém pouco; escoadouro do entusiasmo; vítima passiva.

Chave de influência: melhor evitar. Se necessário, escute e simpatize.

Há quatro temas comuns que lidam com todos esses roteiros:

- ouça a pessoa e deixe-a falar a respeito de si mesma. Esse é o modo pelo qual você descobrirá o roteiro ou autoimagem dela. Estará aprendendo a música a tocar com ela;

- respeite a visão de mundo da pessoa, seja solidário, mas não tente competir com ela. Não tente ser um vencedor/uma vítima/um artesão melhor do que o indivíduo com quem você está falando. Ele quer ser excepcional. Não desafie nem ameace sua visão de mundo: ele ficará muito defensivo. Deixe-o viver com sua própria versão da realidade, mesmo que você não acredite nela. Seu trabalho não é desafiar ou mudar visões de mundo. Você precisa influenciá-lo, o que significa trabalhar com ele e não contra ele;
- reconheça-o. Muito poucas pessoas acham que são reconhecidas em excesso. A maioria de nós suspeita que nossos talentos e feitos não são corretamente reconhecidos no mundo mais amplo. Use isso em seu benefício. Reconheça-a em particular, é claro. Mas você pode ser capaz de ir além. Talvez você possa organizar uma oportunidade para um encontro fora do local de trabalho, em uma palestra, em um jantar ou em um evento de premiação, onde ela possa se exibir;
- o dinheiro não é o principal motivador. O dinheiro reconhece seu valor relativo concernente aos seus colegas. Mesmo um milhão de dólares será uma ofensa se o seu colega ganhar mais. Como colega, provavelmente você não controla o salário dele e, assim, pode enfocar outras ferramentas de influência. Lembre-se, ninguém nega quem ele é: se sua ideia ou pedido reforçar-lhe a autoimagem, ele considerará muito difícil negá-lo.

Dois exemplos mostrarão como você pode utilizar os roteiros das pessoas para influenciar.

Amy ficou apavorada com a perspectiva de ter de dar uma palestra para o conselho de administração, que estava, no mínimo, três níveis acima dela. Não conhecia nenhum membro do conselho e receava que sua apresentação interferiria negativamente na sua carreira. Não queria fazer isso. Fora do trabalho, Amy tinha uma personalidade diferente. Era integrante empolgada de diversos grupos comunitários, incluindo um de teatro. Tinha dado a si mesma dois roteiros: no trabalho, era a gerente júnior ainda aprendendo seu ofício e trabalhando nos bastidores da empresa. Na vida social, era a organizadora e executora que gostava de estar no centro do palco. Amy precisava transferir seu roteiro social para o trabalho. Assim, foi agraciada com um ensaio da palestra, que seria executado por um ator. A mensagem simples era de que todas as apresentações são um espetáculo: representar ajuda a apresentar. O ensaio da palestra também ajudaria a atuação dela. No fim, Amy não se apresentou ao conselho, mas atuou para ele e representou com brilhantismo.

Dan, muito inteligente e muito cínico, era o tecnocrata clássico: brilhante com suas estatísticas, mas quase incapaz de se relacionar com outros seres humanos. Tinha um roteiro bastante disfuncional, em que era o especialista não reconhecido e subestimado, que sabia todas as respostas, mas ninguém estava preparado para ouvir. Podia fazer análises excelentes, mas também podia fazer análises muito destrutivas. Era capaz de demolir qualquer planilha ou análise financeira que lhe apresentavam.

Para uma grande proposta, sabíamos que precisávamos dele do nosso lado, pois a alta administração o usaria para analisá-la. O roteiro normal envolveria uma longa e sangrenta batalha com ele, entremeada por pedidos ocasionais de trégua. Em vez disso, decidimos não lhe apresentar a proposta. Resolvemos ouvi-lo a respeito dos projetos nos quais vinha trabalhando. Escolhemos um que pareceu relevante e demonstramos entusiasmo. Dissemos que seu trabalho era muito interessante e o convidamos a fazer uma apresentação em nossa conferência anual. Afirmamos que mais pessoas precisavam conhecê-lo. Dan ficou empolgado. Finalmente, obtinha reconhecimento. Ganhara um palco para exibir suas habilidades. Seria trabalho extra, mas valeria a pena.

Mais tarde pedimos a Dan mais alguma ajuda. E no final dissemos que precisávamos de auxílio em relação a uma proposta para a alta administração. Dan, o cínico inteligente, subitamente tornou-se Dan, o defensor empolgado. Mostrou-nos como nossa proposta era profundamente imperfeita (ele podia tê-la deixado em frangalhos) e, em seguida, mostrou como torná-la à prova de balas. Adotamos a simples medida de reconhecer e valorizar um tecnocrata não reconhecido e subvalorizado. Assim, em vez de lutar contra nós, ele começou a lutar para nós.

O lado obscuro e o lado brilhante do roteiro

Há um lado obscuro para trabalhar o roteiro. Ele pode ser muito manipulador e potencialmente destrutivo. Em um extremo, os vídeos dos homens-bomba revelam que eles compraram por completo um roteiro que lhes diz que a melhor coisa que uma pessoa pode fazer é matar outras aleatoriamente. Todos os ditadores possuem roteiros que lhes dizem que suas ações são muito boas. Muitas vezes, eles assumem que não representam o país: *são* o país. Se é assim, então toda a oposição é, por definição, sublevação e traição, e todos os recursos do país lhes pertencem: riqueza, poder e corrupção caminham de mãos dadas.

Em um nível mais mundano, os membros do Parlamento britânico foram descobertos espoliando o pagador de impostos em favor de ganhos pessoais. Colocaram tudo na coluna de reembolsos a fim de ter reservas livres para a compra de um cercado flutuante destinado à criação de patos. E não se trata de um ou de dois políticos que vêm tendo seus nomes enlameados: parece que é a maioria. Sem dúvida, não são pessoas corruptas. Em geral, entram na política para mudar o mundo e não para comprar cercados onde criar patos. Então, o que deu errado? Coletivamente, redigiram o roteiro errado, que é mais ou menos este:

"Todos os dias conhecemos pessoas ricas e poderosas. Trabalhamos mais duro que a maioria delas e merecemos mais, mas nossos salários são baixos, em comparação com os das pessoas que conhecemos. A opinião pública não deixará que aumentemos nossos salários, mas podemos fazer isso por meio do sistema de reembolso. Permanecemos dentro das regras (roteiro), mas fizemos um arranjo; os reembolsos são um modo discreto de maquiar nossos salários".

O roteiro se autorreforçava. Quando alguns políticos começaram a seguir o roteiro, inicialmente sem crítica, este se revelou útil. Outros os seguiram, até que a prática se tornou comum. Internamente, o roteiro fazia todo sentido para eles, até que os detalhes foram expostos ao escrutínio público. Então, pareceu estúpido, um insulto em relação ao dinheiro e à confiança do contribuinte.

Quando o roteiro de uma pessoa dá errado, as consequências são desagradáveis. Zinedine Zidane, capitão da seleção francesa de futebol, estava jogando a final da Copa do Mundo, um jogo assistido por mais de um bilhão de pessoas. Zidane já era um vencedor; ganhara uma Copa do Mundo antes. Tinha um roteiro de vencedor na sua mente. Aquele deveria ser seu momento, quando levaria seu país de novo a uma vitória inevitável contra a Itália, sua adversária. Infelizmente, o roteiro começou a dar errado. A Itália ganhava e o tempo se esgotava. Alguém roubara o roteiro de Zidane, que não era mais um vencedor. E, se não o fosse, não seria nada. Zidane não tinha outro roteiro. Ele não perdia somente um jogo, mas tudo que o jogo representava e sua autoimagem. Depois de uma provocação italiana, Zidane perdeu a trama e deu uma cabeçada num adversário. Foi expulso de campo, e a França ficou reduzida a dez jogadores, condenados à derrota pelo seu momento de insanidade.

> A influência é amoral: não faz juízo de valor a respeito do que é certo ou errado

Como em relação a outras formas de poder, a influência pode ter um bom uso ou um mau uso. A influência é amoral: não faz juízo de valor a respeito do que é certo ou errado. Bem usados, os roteiros, além de ajudar a influenciar as outras pessoas, também nos ajudam: podemos escrever o roteiro certo para nós mesmos.

Alguns exemplos mostrarão como podemos mudar nossas oportunidades de vida mudando nosso roteiro.

A Teach First põe professores excelentes em escolas desafiadoras. Muitas das crianças que frequentam essas escolas herdam aspirações muito baixas dos pais. Como vivem nas periferias, talvez nunca estiveram na cidade e seus horizontes de vida são limitados. Seu roteiro é baixa ambição e expectativas negativas. Uma iniciativa da Teach First levou cem dessas crianças para visitas a universidades. Elevando as expectativas e lhes mostrando o que era possível, as crianças começaram a mudar seus roteiros de vida. O futuro deixou de ser a união a uma gangue ou trabalhar no supermercado local. Elas viram o que era possível com trabalho duro. Noventa por cento entraram na universidade, e diversas frequentaram universidades de elite.

O professor Richard Wiseman, em seu livro *The Luck Factor* [O fator sorte] mostra o que torna as pessoas afortunadas. Por um lado, são responsáveis por sua própria sorte. Por outro, criam um roteiro interno, em que se enxergam como afortunadas. Em consequência, tendem a se lembrar de todos os momentos em que obtêm sucesso. As pessoas desafortunadas se lembram de todos os momentos em que não obtêm sucesso. Em um mesmo percurso, o motorista afortunado sempre se lembrará dos faróis que mudaram a seu favor. O passageiro desafortunado, ao seu lado, sempre se lembrará dos que mudaram contra. A mesma experiência pode ser afortunada ou desafortunada, dependendo do roteiro escolhido.

Se você utilizar bem os roteiros, pode não só influenciar os outros positivamente, como também influenciar sua própria vida. Qual é o seu roteiro e o que você quer que ele seja?

> Qual é o seu roteiro, e o que você quer que ele seja?

Entender o estilo dos colegas e adaptar-se a ele

Há todo um setor dedicado ao entendimento dos estilos das diferentes pessoas. Em geral, isso envolve categorizá-las e colocá-las em pequenas urnas. Elas, porém, só devem ser colocadas em urnas depois de mortas.

> As pessoas só devem ser colocadas em urnas depois de mortas

Talvez o mais famoso desses sistemas seja o MB/TI, Myers-Briggs Type Indicators [Indicadores de Tipo de Myers-Briggs]. O MB/TI oferece diversas dicotomias de estilos ou tipos. Você pode ser:

- Extrovertido ou Introvertido (E ou I);
- Sensorial ou Intuitivo (S ou N);
- Racional ou Emocional (T ou F)
- Julgador ou Perceptivo (J ou P)

O MB/TI atribui a cada pessoa um estilo e um acrônimo, tal como ESTJ ou INFP. Proporciona *insight*, mas é difícil de aprender e mais difícil de aplicar. Uma versão resumida, revisionista e não autorizada do funcionamento do MB/TI é apresentada a seguir.

Versão revisionista do MB/TI

Tipo	Descrição	Impacto positivo	Impacto negativo
Extrovertido (E)	Obtém energia no contato com os outros. Pensa depois de falar	Difunde energia, entusiasmo	Fala demais, não inclui outras pessoas
Introvertido (I)	Obtém energia em si mesmo. Pensa antes de falar	Reflexivo, dá espaço aos outros	Nada merece ser dito? Tem dificuldade no trabalho em equipe
Sensorial (S)	Observa o mundo exterior. Mais fatos, menos ideias	Prático, concreto, detalhado	Tedioso, sem imaginação
Intuitivo (N)	Presta atenção ao eu, ao mundo interior, à ideia	Criativo, imaginativo	Distraído, não prático, não realista
Racional (T)	Decide com a cabeça e a lógica	Lógico, racional, intelectual	Frio e sem coração
Emocional (F)	Escuta o coração	Empático, compreensivo	Ingênuo, pensador efervescente, bom coração
Julgador (J)	Organizado, programado, meticuloso	Ética de trabalho elevada, focado e confiável	Obsessivo compulsivo, rígido, preso a regras
Perceptivo (P)	Deixa as opções em aberto, oportunista	Equilíbrio entre vida e trabalho, gosta do trabalho	Indolente, confuso, sem objetivo e não confiável

Se você observar o impacto positivo de cada estilo, será apenas humano ao assumir ter todas as qualidades positivas. Na prática, somos destinados a ser extrovertidos ou introvertidos, sensoriais ou intuitivos, racionais ou emocionais, julgadores ou perceptivos. Temos de escolher entre os estilos. Um modo mais rápido de fazer a escolha é considerar o impacto negativo de cada estilo. Isso nos permite identificar nosso próprio estilo e o de nosso parceiro de modo relativamente rápido. Se passarmos um ou dois dias em seminários a respeito do MB/TI (ou qualquer outra ferramenta de estilos), descobriremos sua riqueza e profundidade. Leva meses para nos tornar praticantes especializados. Isso anula o objeto do exercício: não queremos nos tornar especialistas em psicologia. Precisamos de alguma forma abreviada e simples para compreender e influenciar nossos colegas.

Existem muitos outros testes de personalidade. Todos pleiteiam ser melhores do que os outros. Alguns estão disponíveis na internet, se você quiser passar o tempo querendo saber quem é. A maioria dessas ferramentas requer meses ou até anos de treinamento, e muitas vezes exigem análise detalhada de cada um dos seus colegas. Os administradores não têm tempo de virar psicólogos nem de analisar cada colega em detalhe. Precisamos de algo mais simples e mais rápido: bem-vindo à bússola de estilo, descrita a seguir.

O modo mais fácil de começar é pensar no modo como age a pessoa que você quer influenciar. Esqueça a superstição psicológica. Enfoque somente os tipos de comportamento observados de maneira mais consistente. Há todos os tipos de dicotomias e comportamentos possíveis de identificação. Eis alguns, para começar:

- visão global × detalhe;
- e-mail × face a face;
- foco na tarefa × foco nas pessoas;
- aberto × defensivo;
- controle × delegação de poder;
- análise × ação;

- apreciação de risco × aversão ao risco;
- resultados × processo;
- indutivo × dedutivo;
- imediato × lerdo;
- rápido × lento;
- positivo × cínico;
- julgador × sensorial;
- impetuoso × contemplativo;
- matinal × vesperal;
- por escrito × oral;
- números × palavras.

Não vasculhe todos esses comportamentos nem tente categorizar seus colegas em todas as dicotomias. Apenas considere as quatro principais características de como a pessoa se comporta. Por exemplo, um executivo maníaco com quem trabalhei tinha uma amplitude de atenção muito pequena e um temperamento muito explosivo. As segundas-feiras de manhã eram piores: ele trabalhava como um soldado de chumbo demente no fim de semana e chegava distribuindo ordens e comandos. Na sexta-feira à tarde, relaxava e ficava mais calmo, em especial quando a maioria dos colegas saía mais cedo. Assim, como eu podia influenciá-lo positivamente? Fácil: ficar até mais tarde na sexta-feira e ter uma conversa informal com ele, quando estava calmo e não perturbado. Isso era fraco na teoria, mas forte na prática. Não há ferramenta de análise psicológica formal que conduza a esse *insight*. Uma pequena observação funciona onde diversas teorias falham.

> Ele trabalhava como um soldado de chumbo demente

Assim que identificar os principais comportamentos e estilos do colega que quer influenciar, mapeie-os na bússola de estilo, como exposto no exemplo a seguir. Para cada característica que você identificar, há provavelmente uma contrária. Assim, no exemplo, meu colega é cauteloso, detalhista, focado nos fatos e se sente melhor de manhã. O oposto disso seria alguém que corre riscos e é focado na visão global e nas pessoas.

Bússola de estilo do meu colega

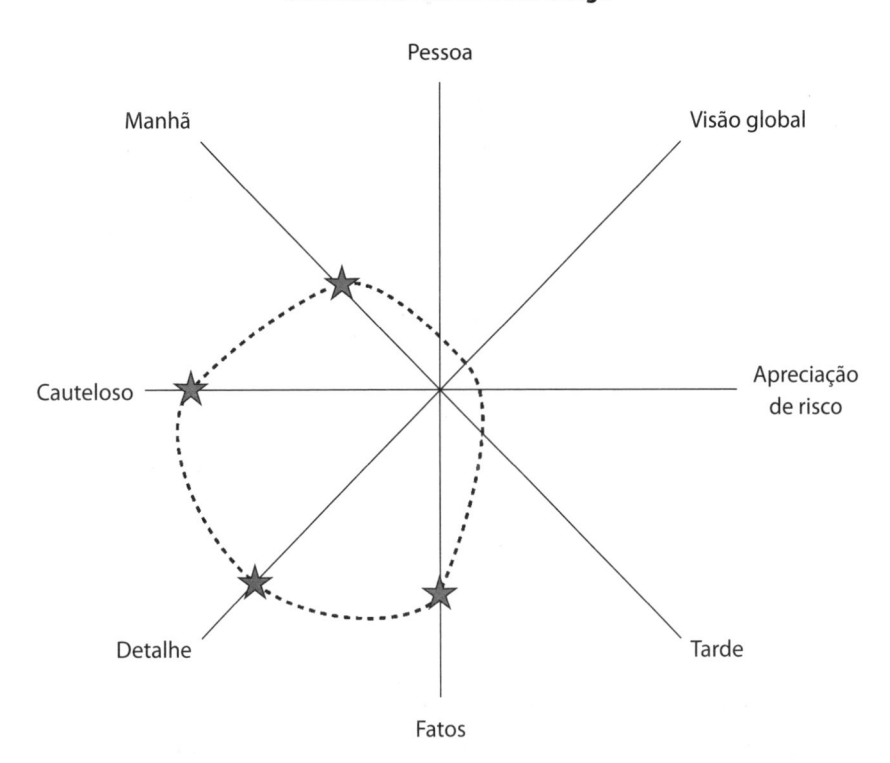

[Diagrama de bússola com eixos: Pessoa (topo), Visão global, Apreciação de risco, Tarde, Fatos (base), Detalhe, Cauteloso, Manhã. Estrelas marcadas nos eixos Manhã, Cauteloso, Detalhe e Fatos, conectadas por linha tracejada.]

A bússola de estilo fornece um mapa visual do que seu colega parece ser. Depois de mapeá-lo, mapeie-se usando os mesmos critérios. Se outros critérios forem muito mais importantes em relação a seu comportamento, ignore-os. Seu foco está no estilo do colega, não em você. Você precisa se enxergar através dos olhos dele e não dos seus. Ambos podem coincidir em tudo. Nesse caso, talvez se deem muito bem juntos. Ou talvez você descubra que é muito diferente do colega.

Minha bússola de estilo

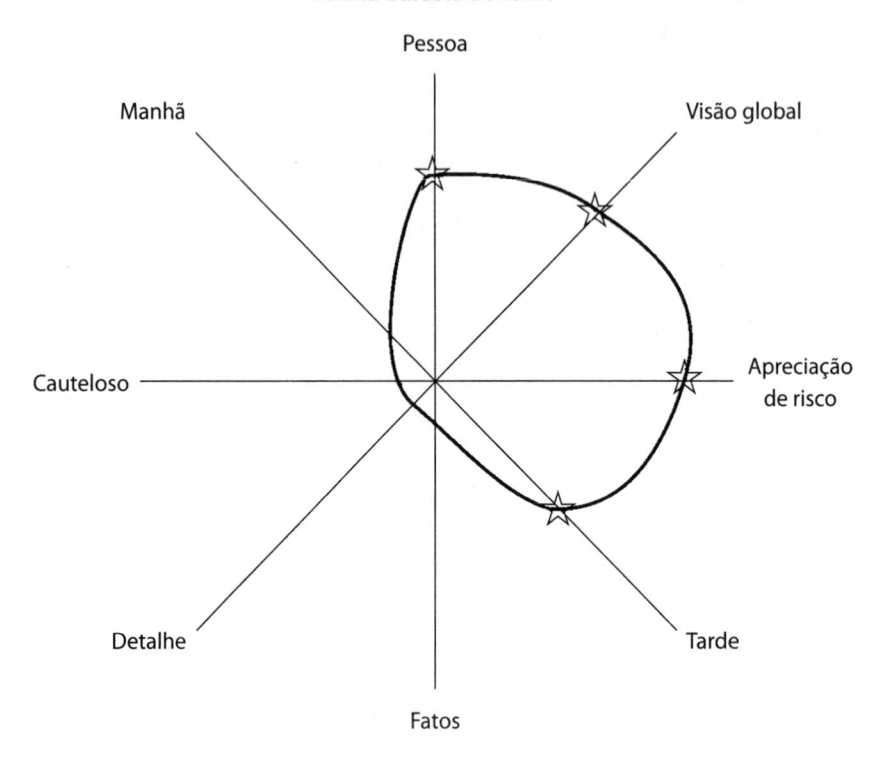

[Diagrama de bússola com eixos: Pessoa (topo) / Fatos (base); Manhã / Tarde; Cauteloso / Apreciação de risco; Detalhe / Visão global]

Depois de ter elaborado os dois mapas, você pode adotar o próximo e óbvio passo: combinar as duas bússolas de estilo para ver como se comparam. Nesse caso, meu colega e eu somos quase opostos. Isso significa que podemos achar difícil ter um bom relacionamento, mas talvez sejamos uma combinação muito efetiva se aprendermos a trabalhar juntos. Nós neutralizamos as fraquezas mútuas: eu tenho a visão geral e meu colega pode preenchê-la com os detalhes. Gosto de assumir riscos e meu colega pode me proteger de mim mesmo. Igualmente, na certa encontrarei oportunidades que meu colega evitaria. Sou bom com pessoas e em construir alianças; meu colega é muito bom com fatos. Formaríamos uma equipe muito boa se soubéssemos como trabalhar juntos. O risco é que passaríamos todo o tempo falando a respeito de coisas diferentes e irritando um ao outro: ficarei frustrado com meu colega me importunando com detalhes e trazendo à baila problemas e riscos. Meu colega ficará frustrado por eu apresentar ideias impraticáveis e não reconhecer a necessidade de lidar com detalhes, riscos e fatos. Podemos nem mesmo concordar com o horário e o dia dos nossos encontros.

Bússola de estilo do meu colega e minha

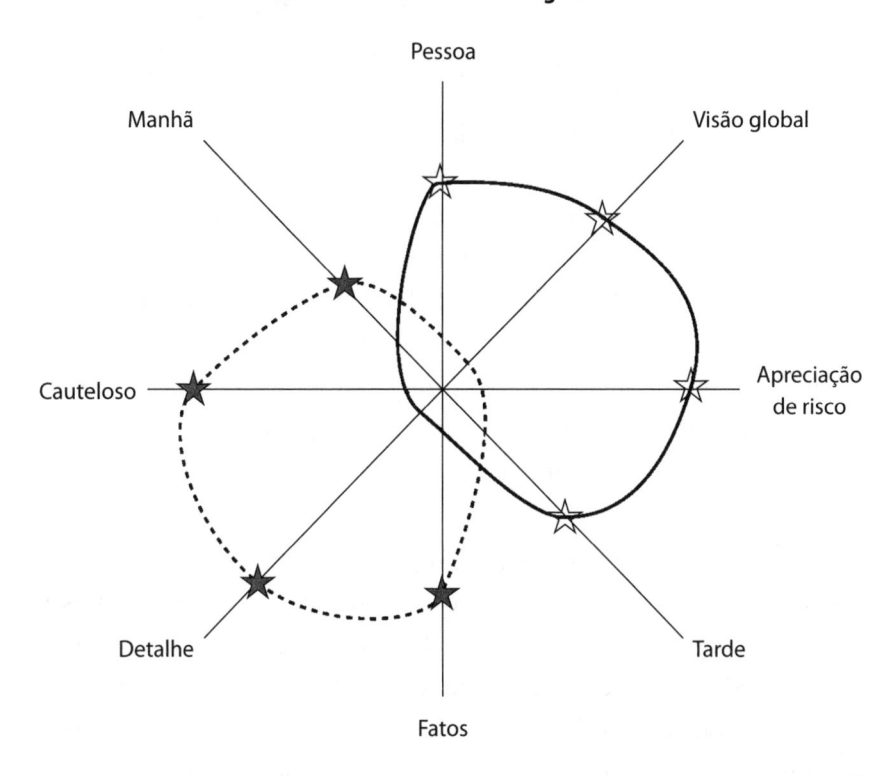

Pessoa — Visão global — Apreciação de risco — Tarde — Fatos — Detalhe — Cauteloso — Manhã

A bússola de estilo revela rapidamente o que devo fazer. Primeiro, tenho de reconhecer que meu colega é diferente, mas pode ser um aliado muito valioso. Devo prezar e tratar com carinho essa relação. Isso significa que preciso fazer um esforço para me adaptar a ele, entendê-lo e influenciá-lo. Para me adaptar ao meu colega, precisarei fazer alguns ajustes a respeito de como normalmente trabalho:

- farei um esforço heroico, acordarei cedo e marcarei uma reunião matinal;
- farei um esforço para entender o máximo dos detalhes e dos riscos referentes a minha ideia. Além disso, não exprimirei frustração quando questionado a respeito de quantidades intermináveis de outros detalhes, que provavelmente não terei. Estarei preparado para uma reunião mais longa do que gosto;
- pedirei ajuda e conselhos ao lidar com detalhes e riscos e ao passar em revista todos os fatos para defender a ideia. Reconhecerei meu colega como especialista nessas áreas e o elogiarei serenamente ao ceder a sua *expertise*. Tratarei meu colega como um parceiro, um par, que desempenha um papel fundamental em fazer tudo isso acontecer;
- deixarei meu colega feliz ao lidar com todas as coisas que ele odeia, como a política e as pessoas. Onde houver risco, assumirei a liderança ao lidar com ele.

Se eu conseguir fazer tudo isso, evitarei um desastre imediato na forma de um choque forte de personalidades. Se eu fizer isso bem, então, ao longo do tempo, poderemos consumar uma parceria muito produtiva, que tira proveito das nossas respectivas forças.

Você pode completar a bússola de estilo em sua cabeça. É uma ferramenta simples, para utilizar antes de qualquer reunião crítica. Faça isso bem e os colegas considerarão fácil se entender com você. Eles não entenderão nem se preocuparão por que acham fácil trabalhar a seu lado. Essa é a mágica da influência efetiva: é invisível e aparentemente não forçada. A influência ajuda as pessoas a ajudá-lo.

Resumo

Cada um de nós vive no centro do nosso próprio mundo. Isso conduz a um erro muito natural e muito perigoso. Achamos que persuadir e influenciar consiste em tirar as ideias de nossas cabeças e colocá-las nas cabeças das outras pessoas. Isso leva a uma guerra de mundos: meu mundo contra seu mundo. Não há um bom resultado para essa guerra. Ninguém capitula em relação ao seu próprio mundo.

Os influenciadores fazem o que Copérnico fez há quinhentos anos. Copérnico redescobriu que a Terra não é o centro do universo, para o horror da Igreja. Os influenciadores descobrem que não são o centro do universo. Precisam enxergar o mundo de uma perspectiva diferente: a das pessoas que querem influenciar. Essa é a arte de se colocar no lugar do outro.

Quando vemos o mundo através dos olhos dos outros não precisamos concordar com a visão deles nem gostar dela. Só precisamos entendê-la. Em geral, a visão de mundo pode ser resumida em um roteiro curto a respeito de quem são e o que são. Geralmente, é uma autoimagem que eles anunciam bastante claramente; você não precisa ser um gênio para elaborar o que as pessoas pensam de si mesmas. Em caso de dúvida, despenda algum tempo em torno do bebedouro e escute as fofocas. A fofoca é uma coisa boa. Entre o absurdo e a cultura inútil, haverá pepitas de ouro enquanto as personalidades e as ações dos colegas são dissecadas pelas fofocas.

Assim que entendemos o roteiro e o estilo de uma pessoa, podemos começar a tocar a música certa. Só quando enxergamos nossa agenda através dos olhos dos outros podemos entender o que é atraente a respeito deles e quais podem ser seus defeitos fatais. Se tocarmos a música certa, então consideraremos que podemos nos tornar o líder influente da nossa empresa. Todos nos seguirão de bom grado.

PARTE IV

Aproveite ao máximo os momentos decisivos

CAPÍTULO 10

Escolha suas batalhas

Há momentos em que o poder flui e reflui entre os colegas de maneira visível. Em uma reunião, uma pessoa está pronta para o desafio, enquanto outras ficam em silêncio. Duas discutem; uma delas ou as duas saem em boa condição. Uma crise acontece e um indivíduo trata dela, enquanto outro fracassa. Uma tentativa de fechar uma venda tem sucesso ou não. O momento passa rápido, mas, nesse tempo, meses de esforço se justificam ou se perdem, reputações cultivadas com cuidado são construídas ou arruinadas.

Esses momentos da verdade raramente são atos aleatórios de deuses caprichosos. Muitos podem ser antecipados. Até mesmo os eventos inesperados podem ser planejados. Para construir a influência, os administradores têm de agarrar esses momentos decisivos e tirar proveito deles. Em qualquer carreira, há seis momentos decisivos altamente previsíveis.

1. Negociando orçamentos: a arte do orçamento inteligente.
2. Transformando crises em oportunidades.
3. Lidando com guerras frias.
4. Sobrevivendo a guerras quentes: escolha as batalhas certas.
5. Encontrando a tarefa certa.
6. Iniciando um novo papel: realizando um início rápido.

Cada um desses momentos decisivos será único no modo pelo qual se desdobra. No entanto, há alguns princípios consistentes em cada caso que conduzem ao triunfo ou ao desastre. Este capítulo considera esses princípios para cada momento da verdade.

Negociando orçamentos: a arte do orçamento inteligente

Basicamente, os orçamentos são um contrato entre dois níveis administrativos. A alta administração quer oferecer um orçamento mínimo para um retorno máximo. Disfarçará isso dentro do discurso empresarial normal. Falará a respeito de orçamentos "desafiadores" e objetivos "esticados". A implicação é que você é uma pessoa fraca se evitar o desafio e não conseguir se esticar. Para tornar a oposição ainda mais dura, o processo do orçamento tende a ser condicionado de cima para baixo e a partir do centro. No momento em que você é convidado para discutir o orçamento desafiador e os objetivos esticados, as decisões já foram tomadas.

Os administradores são estimulados a mostrar seu machismo ao concordar com os objetivos que permitirão ao CEO receber outro bônus enorme e comprar um iate maior, para deixar outros CEOs com inveja. Isso é muito bom para o CEO, mas ruim para você. Se concordar com o objetivo viril, você se comprometerá com um ano infernal. Com excesso de trabalho e estresse você pode chegar perto do seu objetivo. Por esse esforço heroico obterá um bônus mínimo, pois não superou seu objetivo.

Há uma alternativa aos orçamentos azuis, que um colega meu aperfeiçoou. Seu nome é Paul, um dos líderes mais preguiçosos que já conheci. Também é muito bem-sucedido e popular, o que é profundamente irritante. Coloca a indolência a seu serviço. Sendo preguiçoso, aperfeiçoou a arte de delegar. Os funcionários gostam de Paul por isso: mostra que confia neles e eles reagem com entusiasmo. No entanto, há um período do ano em que até mesmo Paul fica em marcha acelerada: a época do orçamento.

Escolha suas batalhas

Paul começa a negociar o orçamento muito antes de o processo começar formalmente. Com cuidado, define a cena, analisando as perspectivas da sua parte do negócio. Essa é uma avaliação operacional e estratégica curta que os gerentes seniores apreciam: mostra que estão no comando do trabalho, são proativos e ajudam os altos executivos a decidir o caminho a seguir.

Invariavelmente, a análise de Paul indica que, por mais que o ano tenha sido bom, o próximo tende a ser muito difícil. Ele esquematiza todas as iniciativas que deseja tomar (muitas das quais podem exigir investimentos) e mostra que, mesmo com muito trabalho, será difícil igualar o desempenho do ano corrente.

Desse modo, Paul segue uma das regras de ouro para vencer qualquer batalha ou discussão: atacar primeiro. O propósito de atacar primeiro é ancorar a discussão em torno da sua agenda. Se ele deixar o grupo de planejamento ou o CEO fixar a discussão, eles apresentarão uma suposição de planejamento baseada no crescimento acelerado das receitas, em nenhum aumento dos gastos e na melhoria drástica do lucro. Isso comprometeria Paul com um ano infernal.

Tendo atingido seu objetivo, Paul repete sua estratégia. Diversas vezes. Ele utiliza cada palco e cada oportunidade para repetir e florear sua posição. É um trabalho duro, mas trabalho árduo por um mês negociando um orçamento confortável é melhor do que onze meses de trabalho duro cumprindo um orçamento rígido. No modo como o mundo empresarial funciona, se ninguém desafiar uma posição, isso se tornará a voz corrente recebida. Paul vira a mesa sobre os planejadores, que são usados para fixar a posição

> Trabalho árduo por um mês negociando um orçamento confortável é melhor do que onze meses de trabalho duro cumprindo um orçamento rígido

deles, deixando que os gerentes de linha provem que estão errados. Paul fixa sua posição e os planejadores ficam na posição embaraçosa de ter de provar que o consenso emergente está errado.

Em seguida, Paul aciona uma terceira arma. Pede ou toma emprestado o máximo de credibilidade e autoridade para sua posição. Conseguirá que os departamentos de marketing e vendas aprovem suas previsões do mercado; assegurará que o departamento financeiro valide a exatidão dos seus números. Não pedirá para que eles aprovem suas hipóteses: isso seria um convite à discussão.

Frequentemente, os executivos falam a respeito de fazer jogo duro com os números. Fazer jogo duro é algo estúpido. Consiste em discutir, ser obstinado e perder amigos e aliados. Paul disputa um jogo diferente: o jogo vencedor é o jogo inteligente e não o jogo duro. As três regras de ouro do jogo inteligente são:

- ataque primeiro e ancore a discussão nos seus termos;
- repita, repita, repita, construindo o consenso e o momento;
- construa credibilidade ao validar os números; construa a adesão.

Disputar o jogo do orçamento inteligente permite que Paul ganhe sem lutar. No momento em que as negociações formais a respeito do orçamento começam, ele pode até se permitir ser magnânimo e aparentar virilidade. Pode concordar em ter seu orçamento esticado pois já ancorou a discussão a seu favor. Isso significa que ele se preparou para onze meses de trabalho fácil, sobrepujando o que é percebido como um objetivo esticado. Ele chega a ser o heroi, e nós chegamos a ficar muito frustrados.

Transformando crises em oportunidades

As crises acontecem. Os funcionários cometem erros, os fornecedores nos desapontam, os clientes mudam de ideia, os concorrentes nos surpreendem. Ocasionalmente, até nós mesmos podemos cometer erros. As crises constroem e arruínam reputações de empresas e pessoas. Ser aquele que assume o controle e soluciona uma crise é o elemento que constitui os heróis corporativos. Assumir a liderança parece arriscado. A liderança

> A liderança acelera sua carreira: você tem sucesso rápido ou fracassa rapidamente

Escolha suas batalhas

acelera sua carreira: você tem sucesso rápido ou fracassa rapidamente. O fracasso de assumir a liderança assegura a mediocridade.

Há duas reações naturais e insatisfatórias em relação a crises. Primeiro, negar que haja um problema. Quando a negação torna-se impossível, encontra-se um bode expiatório. O mensageiro é muitas vezes um bom bode expiatório. Negação e culpa não constroem a reputação de um administrador influente.

Negar e culpar pioram a crise. Por exemplo, em 2008, o HBOS, banco britânico, quebrou em consequência dos empréstimos temerários e da escalada das dívidas incobráveis. O custo para o contribuinte superou 10 bilhões de dólares.

Essa foi uma grande crise. Poderia ter sido evitada se o banco tivesse escutado Paul Moore, que foi o diretor de riscos e assuntos regulatórios do HBOS entre 2002 e 2005. Ele advertiu a instituição sobre os riscos iminentes. Primeiro, o banco negou e, em seguida, demitiu Paul. Nesse ínterim, o CEO começou a colecionar títulos de nobreza pelos serviços prestados à atividade bancária. Simplesmente, ninguém queria acreditar que podia haver um problema enquanto os lucros, os bônus e os títulos de nobreza estavam rolando.

Comparemos a experiência do HBOS com a crise empresarial mais bem administrada envolvendo o remédio Tylenol e a água Perrier.

- *Tylenol*: encontrou-se cianeto em algumas cápsulas do medicamento em estoque. A Johnson & Johnson não esperou para descobrir o quanto o problema havia se alastrado ou a quem culpar. Fez um *recall* do produto em todo o país, a um custo de 100 milhões de dólares. Foi um preço pequeno para proteger e aumentar a reputação da empresa. Posteriormente, constatou-se que um criminoso ou um vigarista a fim de um resgate era o responsável.
- *Perrier*: em 1990, alguns funcionários da FDA (Food and Drug Administration) encontraram traços de benzina em algumas garrafas de Perrier. O porta-voz da FDA foi tranquilizador: "Se, ao longo de muitos anos, a pessoa consumisse cerca de 0,5 litro

por dia, o risco de câncer poderia aumentar em uma proporção de um em um milhão, o que consideramos um risco desprezível. As pessoas não precisam ficar preocupadas se bebem uma garrafa de Perrier". Não obstante, a Perrier também fez um *recall*, que dependeu da reputação a respeito da pureza do produto. Uma crise que poderia ter destruído a reputação da Perrier acabou beneficiando a empresa.

Essas respostas bem-sucedidas a crises se basearam em três princípios que os administradores podem utilizar no seu dia a dia.

- *Aceite que há um problema*: quanto mais a negação perdurar, pior a crise ficará.
- *Enfoque a solução:* olhe para a frente e não para trás. Evite o jogo da culpa.
- *Parta depressa para a ação*: fazer algo é sempre melhor do que não fazer nada. Pode ser um pequeno passo ou um passo na direção errada. No entanto, mostra liderança, cria esperança em vez de medo e estabelece as expectativas corretas: a ação e não a análise salvará a situação.

A velocidade é fundamental. Quanto mais depressa a crise é solucionada, menos tempo ela tem para escapar do controle. Finalmente, as companhias de seguros aprenderam essa lição. Atualmente, a Progressive Insurance autoriza seus peritos de sinistros a fixar as indenizações de imediato, até mesmo no acostamento da estrada onde ocorreu o acidente. Não se trata só de prestar um bom serviço. Ao fixar rapidamente o valor, o custo médio de uma indenização é reduzido em cerca de 20% e a quantidade de reclamações é reduzida em mais de 30%.

Inevitavelmente, há ocasiões em que tudo parece fora de controle. A falta de controle leva primeiro ao estresse e, em seguida, ao pânico. Mesmo nos piores tempos há sempre algo a fazer. Não importa o tamanho da ação ou se a linha de ação é correta. O segredo é avançar.

Quando fui enviado ao Japão, descobri que o negócio estava condenado. Era uma situação sem esperança: sem vendas, sem clientes, sem perspectivas. O moral estava afundando. Nessa situação desesperançada, fizemos a única coisa que podíamos ter feito: vendemos e realizamos mais ou menos qualquer trabalho para quaisquer clientes. Isso significou que passamos a vender queijo norueguês em Tóquio. Também acabamos trabalhando com gângsteres japoneses (a yakuza) em um projeto de tabaco. A partir desse início duvidoso, lentamente reconstruímos as vendas e o moral. Eram, sem dúvida, os clientes errados para nosso negócio no longo prazo. Mas qualquer cliente era melhor do que nenhum. Atue depressa, oriente-se pela ação e não se preocupe em culpar alguém pela falta prévia de clientes.

Administração de conflitos: guerras frias

As organizações são criadas para o conflito. Diversos departamentos, funções, unidades de negócios terão prioridades e perspectivas diferentes. A rivalidade interna é um modo simples de determinar as prioridades da organização como um todo.

> As organizações são criadas para o conflito

Se os administradores querem obter influência, poder ou resultados positivos, eles não podem evitar o conflito. Devem abarcá-lo e utilizá-lo em seu benefício. Há ocasiões em que precisamos promover nossa agenda de modo firme, ao risco de convidar o conflito. No entanto, também há muito mais vezes em que o conflito chega batendo em nossa porta, sem ser convidado. Para manter a influência, precisamos lidar bem com esse conflito.

As guerras frias são lentas, disputas exasperantes a respeito de projetos, pessoas, prioridades e princípios. Podem durar uma eternidade, o que, em termos empresariais, significa até a próxima reorganização. Primeiro, os administradores devem decidir se a guerra fria vale a pena.

Há 2,5 mil anos, aproximadamente, Sun Tzu, filósofo chinês, escreveu *A arte da guerra*. Reconheceu que a guerra nem sempre é a melhor forma de alcançar objetivos. Expôs três condições que devem ser satisfeitas antes que valha a pena recorrer à guerra:

- lute somente quando o preço valer a pena;
- lute somente quando você souber que vai ganhar;
- lute somente quando não há outra maneira de alcançar seus objetivos.

Ao considerar diversas batalhas empresariais que prejudicam sua organização, você descobrirá que muitas delas falham em ao menos uma das condições de Sun Tzu. Algumas falham nas três condições: diversas batalhas empresariais equivalem a pouco mais do que a rotina ritual de machos tentando pleitear domínio uns sobre os outros. Essas batalhas apresentam uma carga emocional muito alta. A lógica, os fatos, a razão são utilizadas meramente como combustível para o fogo emocional. Embora essas batalhas possam ser divertidas de ver, são prejudiciais de conduzir. Mesmo se vencer a discussão, você perderá um amigo. Haverá muitas oportunidades para ele se vingar, mais tarde: poderá envenenar discretamente a opinião pública contra você; poderá solapar suas iniciativas com resistência passiva e velada; poderá até mesmo ser promovido antes de você. Sun Tzu identificou a realidade básica da vida empresarial: é melhor ter um exército de aliados do que um exército de inimigos.

Cada guerra se desdobra em seu próprio modo desordenado. A bruma da guerra dificulta saber o que está acontecendo ou qual deve ser o próximo passo. Há sempre uma decisão delicada a ser tomada acerca do que fazer, com quem falar e em que sequência os eventos devem acontecer. Nessa incerteza, ajuda ter alguns princípios orientadores. Comece com Sun Tzu para decidir se você deve lutar. Em caso positivo, há dois outros princípios a recorrer:

- construa uma coalizão de apoio;
- lute em seus termos e não no dos outros.

Escolha suas batalhas

A necessidade de uma coalizão foi tratada amplamente na parte III. Você precisa de qualidade e não só de quantidade de apoio. Depois de reunir um exército de tamanho suficiente, verá que a oposição se dissipa. Ela não tem necessidade de sofrer uma derrota gloriosa e sangrenta.

O segundo fator é o princípio de Davi e Golias. Mesmo que, aparentemente, você enfrente uma oposição forte, o sucesso poderá ocorrer se forem mudados os termos da discussão. Essa é uma lição que insurgentes e terroristas aprendem cedo. Você não consegue derrotar forças altamente equipadas e treinadas em seus próprios termos. Em vez disso, insurgentes e terroristas praticam uma guerra assimétrica; lutam de um modo que anula as vantagens técnicas e humanas das forças convencionais.

Grande parte da estratégia empresarial bem-sucedida se baseia na ideia da guerra assimétrica. Se você quiser enfrentar Golias, deve competir em termos diferentes. Em quinze anos, a Ryanair ficou maior do que a British Airways (BA) em relação a passageiros, voos e valor de mercado. Teve êxito não ao enfrentar a BA em seus próprios termos, mas ao ter um modelo de negócios diferente, que pode ser resumido em uma única palavra: barato. Isso chega disfarçado, de um modo pomposo, com curvas de valor, objetivo estratégico e competências básicas. Não é necessária uma linguagem pomposa para elaborar "barato". A ideia de guerra assimétrica também se aplica no interior das empresas.

Um empregador travava uma guerra prolongada sobre como expandir rapidamente seu programa de recrutamento de recém--formados. Metade da equipe administrativa estava em alta e queria crescimento rápido, enquanto a outra metade estava em baixa e queria consolidar o programa. Os dois lados acumularam grande quantidade de dados para provar seus pontos de vista. Era como uma guerra de trincheiras, ou seja, um impasse sangrento. O CEO estava imprensado entre os dois lados. Assim, ele mudou os termos do debate. Sustentou que não se importava com os números (na realidade, se importava, mas não queria tomar partido). Então, impôs um desafio: recrutar o máximo possível, desde que os recrutados atingissem o novo padrão de qualidade que eu estava configurando. Ao mudar o foco do debate de quantidade para qualidade, a guerra acabou e a paz foi restabelecida.

Há uma alternativa à doutrina de Sun Tzu: a doutrina de Nelson. O almirante Nelson deu aos seus comandantes uma ordem simples: "Qualquer capitão que posicionar seu navio ao lado do navio do inimigo (para uma batalha) não pode errar". Era a disputa definitiva pelo poder. Nelson tinha comandantes que davam meia volta ao mundo para localizar o inimigo e provocar uma batalha. Alguns combates pareciam insanos. Lorde Cochrane ficou conhecido como comandante de uma pequena fragata que enfrentou e venceu um navio de guerra espanhol. Hoje seria como um navio caça-minas derrotando um porta-aviões. O efeito da doutrina de Nelson era drástico. O inimigo não ousava deixar o porto, pois sabia o destino que o aguardava. Além disso, quanto mais a marinha lutava, melhor ficava.

Alguns executivos seguem a mesma estratégia. Podem se tornar valentões muito poderosos. Mas, no fim, provocam o combate errado e ganham muitos inimigos. Nelson perdeu um olho, um braço e, depois, a vida. Sua influência perdurou muito depois da sua morte. No entanto, para a maioria dos executivos, a morte da carreira não é o caminho para a influência duradoura.

Administração de conflitos: guerras quentes

Algumas guerras frias se convertem depressa em guerras quentes. Uma crise, uma mancada ou um mal-entendido ocorre. De súbito o mau humor explode. Os *e-mails* e os telefonemas começam a ferver de indignação, raiva, negação, culpa. A razão é solapada pela emoção. Em conflito, os administradores utilizam os fatos como os bêbados usam os postes: para apoio e não para iluminação. O primeiro passo em relação a uma guerra quente é reconhecer que o subjacente refere-se principalmente à emoção e à política. Nesse momento, há duas maneiras de reagir: a resposta do medo e a resposta da escuta.

A resposta do medo é comum. Corresponde a:

- lutar furiosamente;
- envolver o inimigo emocionalmente;
- discutir com qualquer um;
- retaliar; repudiar a razão.

Essa não é uma forma produtiva de travar um conflito, ainda que possa ser divertida. Em particular se for seu último dia na empresa.

Se você quiser reagir de modo mais produtivo, deverá adotar a resposta da escuta, que abrange o que devemos enfocar: ouvir. Quanto mais ouvimos e entendemos, melhor podemos reagir. A resposta da escuta corresponde a:

- demonstrar empatia;
- concordar com o problema;
- decidir o caminho a seguir.

Quanto mais furioso alguém se sente, mais importante se torna a empatia. Deixe a pessoa resmungar. Tente berrar de raiva por mais de um minuto e verá como é difícil manter a emoção por muito tempo. Exige muito esforço, a menos que recebamos de alguém algum combustível emocional para nossa raiva. Negue à pessoa o combustível. Isso requer um pouco de sensibilidade. Se você disser algo como "Entendo como você se sente", provocará outra explosão, que começa com "Não, você não entende como eu me sinto!"

Depois que a pessoa se acalmou, é o momento de descobrir o que realmente aconteceu. Não procure defender ou justificar sua posição: isso leva a uma nova discussão. O objetivo é obter a compreensão a respeito de qual é o problema e o que a pessoa quer. Comece a enfocar o resultado desejado. Utilize as habilidades da escuta: formule perguntas abertas e utilize a paráfrase para demonstrar que você ouviu e entendeu a posição da pessoa.

Decidir o caminho a seguir é muitas vezes a parte mais fácil do processo: se a pessoa se acalmou, tomou conhecimento da situação e identificou o resultado desejado, deve estar disposta a concordar em como alcançá-lo. Nessa etapa, evite agarrar-se a uma solução única. "Faça isso dessa vez" é um ultimato em que não há ganho mútuo. Nesse momento, você está em uma negociação a respeito do que fazer. Siga os princípios básicos da negociação: crie uma situação de ganho mútuo; gere mais do que uma solução; discuta alternativas; conheça seu ponto principal.

Pode ser difícil manter a calma enquanto um chefe ou um cliente obeso, pomposo e ameaçador aponta-lhe o dedo, fazendo todo tipo de comentários provocadores. Perguntei a Sue, que mantém um distanciamento mais ou menos zen até mesmo nas situações mais terríveis, como ela permanece calma, equilibrada e profissional. É um estilo que a torna muito admirada.

— É fácil — ela respondeu. — Imagino a outra pessoa vestida com uma saia de bailarina rosa. É muito difícil ficar nervosa diante de uma pessoa obesa de cinquenta anos se fazendo de boba e usando uma saia de bailarina. Meu problema não é me irritar. Meu problema é evitar rir.

O segredo de Sue não funciona para todas as pessoas. Assim, perguntei a outros clientes como eles lidam com esses momentos. Todos utilizavam pequenos truques mentais. Conheça, a seguir, algumas alternativas.

- Imagine alguém que você admira muito. O que tal pessoa faria nessa situação? Nós todos temos quem nos inspire: copie-o. Se os seus ídolos máximos são Darth Vader ou Vlad, o Empalador, não utilize esse truque — ainda que um executivo elimine sua oposição com uma metralhadora Uzi imaginária. Ele se sentirá

muito melhor depois de ver o sangue respingado em toda a parede.
- Torne-se um observador: encare a situação e decida a melhor coisa a fazer.
- Fique calado. Deixe a outra pessoa esgotar-se emocionalmente. Dê-se um tempo para pensar. Conte até dez (exatamente como sua avó lhe dizia), respire fundo, mantenha a calma e ordene seus pensamentos. O silêncio pode ser muito enervante para os dois lados.
- Enfoque o resultado que você quer em até quinze minutos: vá além da crise imediata. No final das contas, isso colocará a discussão na direção correta e fará você parecer positivo e profissional.

Tarefas e projetos

Em todas as empresas há projetos dos sonhos e projetos que são um pesadelo. Achar a função, a tarefa ou o projeto certos é fundamental. Limpar banheiros na Sibéria pode ser apresentado como um desafio exótico, importante e valioso, mas não será uma forma notável de construir poder e influência. Provavelmente, ser convidado para trabalhar no escritório do CEO por um ano fará sua carreira avançar. Vale a pena encontrar a oportunidade certa.

Em geral, a decisão não é tão nítida como aquela que envolveria o escritório do CEO e os banheiros siberianos. Diversas sessões de aconselhamento enfocaram esse problema. Solucionar o problema depende da resposta a quatro perguntas.

1 Gostarei da tarefa?
2 Estou preparado para o sucesso?
3 Construirei habilidades e reputação?
4 Qual é a alternativa?

Como sempre, as perguntas são mais fáceis do que as respostas.

Gostarei da tarefa?

A questão da satisfação surpreende as pessoas. Empresa pressupõe seriedade. Pessoas sérias não pressupõem diversão. No entanto, a satisfação é fundamental para o sucesso. Você só se destaca naquilo que gosta. É impossível encontrar algum astro do cinema ou dos esportes que não goste do que faz. Até mesmo as pessoas do mundo dos negócios, que reclamam ruidosamente de viagens, trabalho e longas jornadas não estão, no fundo, se queixando. Estão se vangloriando de quanto são importantes. E se tivermos de comprometer grande parte do nosso dia a uma tarefa, precisaremos de vigor para nos sustentar. É difícil manter o comprometimento com algo de que não gostamos. Então, se você ficar desapontado diante da perspectiva de uma nova tarefa, função, projeto ou chefe, escute o coração. Encontre algo que revigore seu espírito em vez de deprimi-lo.

Diversas oportunidades se apresentam como desafios. No jargão empresarial, "desafio" é um eufemismo para um desastre. Não é necessariamente uma oportunidade ruim. Se você quiser se colocar à prova, em qual dessas duas funções faria uma diferença positiva?

- *Função A*. Você herda um negócio que está no seu desempenho máximo: já possui a liderança do mercado, uma rentabilidade excepcional e é administrado como uma máquina muito enxuta.
- *Função B*. Você herda um caso perdido: ineficiente, quase sem dinheiro e sem participação de mercado e com uma equipe com moral baixo.

Na Função A, é muito difícil melhorar algo, embora você obtenha muita visibilidade com a alta administração. Na Função B, até mesmo mudanças modestas devem fazer uma diferença considerável — você tem a chance de ser um herói. Mas também pode afundar com o navio.

Estou preparado para o sucesso?

Para entender se você está preparado para o sucesso, formule mais algumas perguntas.

- Quão boa é a equipe?
- Como é o chefe?
- Que nível de patrocínio político e apoio existe para sua função?
- Há orçamento e recursos suficientes para levar ao êxito?
- As expectativas de sucesso são realistas?

Provavelmente, você obterá respostas ambíguas e sinais trocados para essas perguntas. Muito poucas vezes as coisas são claras e simples nas empresas. Não aceite a ambiguidade. A incerteza é, em geral, uma cortina de fumaça para ocultar algumas surpresas desagradáveis. Se você obtiver respostas duvidosas, pressione duro. Primeiro, obtenha clareza, se possível. Se mesmo assim não gostar das respostas, negocie duro. Certifique-se de que se preparou para o sucesso obtendo os recursos, os objetivos e os apoios corretos. Assim que você aceitar a função, sua capacidade de negociar desaparece. Antes de aceitar, você tem a chance de definir as expectativas e negociar os termos corretos. Utilize bem essa janela de oportunidade.

Construirei habilidades e reputação corretas?

Essa pergunta considera um prazo mais longo. Construir a carreira e a influência é uma maratona e não uma corrida de velocidade. Requer constituir habilidades e capacidades corretas. Falando claro, as regras do sucesso e da sobrevivência mudam em cada nível da empresa. O pessoal de escalão inferior aprende habilidades técnicas: contabilidade, comércio, PowerPoint ou legislação. Raramente os altos executivos são chamados para fazer a verificação das ações. Eles precisam de um conjunto diferente de habilidades: estratégia; gerenciamento de políticas, equipes e acionistas; *insight* financeiro e disciplina. Vale a pena adquirir as habilidades que o prepararão para a próxima etapa da jornada.

Muitas pessoas ficam presas na armadilha das habilidades. Desenvolvem uma *expertise* técnica muito valorizada, mas inútil para ajudá-las a progredir. Um dos associados mais brilhantes com quem trabalhei tornou-se um especialista mundial em modelar o mercado tripartite de recompra colateral de ativos. Mercado do quê? Era tão obscuro que eu nem mesmo sabia que existia. No entanto, como em relação a diversos mercados financeiros, é tão grande que é difícil contar a quantidade de zeros no final de cada transação. Como ele era bom na modelagem, continuou sendo solicitado a fazer mais do mesmo. Era um trabalho valioso para a empresa e um beco sem saída para ele: não podia construir uma carreira fora do trabalho e não aprendia as habilidades necessárias para se tornar um administrador.

Podemos aprender habilidades técnicas, como contabilidade, em cursos de capacitação. No entanto, as habilidades de que realmente precisamos, a respeito de liderar outras pessoas e de fazer as coisas acontecer, aprendemos com base em uma combinação de experiência pessoal e de pessoas inspiradoras. Eis por que obter a tarefa certa é fundamental. A tarefa certa, além de lhe dar a oportunidade do desenvolvimento de habilidades úteis, também o expõe a modelos de vida de sucesso, que você pode observar e aprender com eles.

Qual é a alternativa?

A quarta e última pergunta é formidável: qual é a alternativa? Você pode não gostar da ideia de limpar banheiros na Sibéria, mas, se a alternativa for trabalhar em uma mina de sal, você desejará oferecer-se voluntária e rapidamente para o serviço siberiano. Não é uma escolha agradável. A solução é clara: certifique-se de ter algumas boas alternativas.

Escolha suas batalhas

Manter algumas opções abertas é um princípio básico da administração da carreira. Tornar-se dependente de um chefe, de uma função ou de uma habilidade é a receita para a escravidão e, no fim, para o suicídio da carreira. Essas pessoas acabam sendo totalmente dispensáveis em uma crise e não têm outro lugar para ir. Para manter as opções abertas, todos precisam de um bom radar para detectar as oportunidades emergentes; para identificar quem é importante e quem não é; com quem trabalhar e com quem não. Quando existirem boas oportunidades, seja prestativo e empolgado. Quando existirem oportunidades desagradáveis emergindo, assuma a capa de Harry Potter da invisibilidade. Mostre-se muito ocupado e indispensável no seu trabalho atual.

> Tornar-se dependente de um chefe é a receita para a escravidão

Dando uma arrancada rápida

Assumir uma nova função é uma oportunidade maravilhosa para a reinvenção pessoal. Descobri isso quando fui para o Japão. Ninguém ali me conhecia. Ninguém tinha ideia de quais podiam ser meus pontos fortes e fracos. Eu era uma tela em branco. Podia me reinventar da maneira que quisesse. Estava livre para deixar para trás a bagagem das percepções da matriz, tanto positivas quanto negativas. Até mesmo mudanças menores dentro de uma empresa proporcionam oportunidade de reinvenção: você pode enfatizar as forças, minimizar os pontos fracos, tentar algumas novas habilidades e truques. No entanto, de modo muito rápido, as opiniões e os preconceitos surgirão. Depois que uma opinião se fixou em torno de certa imagem, é muito difícil que ela mude. Dar uma arrancada rápida e ancorar as expectativas corretas são fundamentais.

Há quatro elementos para uma arrancada rápida bem-sucedida:

- escreva seu próprio roteiro;
- defina as expectativas corretas;

- conte uma história;
- escolha a equipe certa.

Escreva seu próprio roteiro

Escrever um roteiro próprio consiste em saber o que você quer fazer e como pretende estar na nova função. Significa ter expectativas claras a respeito do proveito que você terá. Em seguida, pense em como deseja estar: como será diferente do passado, que habilidades você desenvolverá, o estilo que administrará. Tudo isso precisa ser feito antes de você assumir sua nova função. Após um mês, o veredito terá sido pronunciado: sua equipe e seus chefes terão decidido quem você é e para onde está indo.

Andrew, por exemplo, era inteligente, intelectual, mas impaciente com as pessoas. Antes de assumir uma nova função, tomou uma decisão simples: faria um esforço consciente de ouvir mais os membros da equipe. Não tentou se transformar em um ativista ambiental amoroso, pois sabia que não conseguiria fazer isso: não seria autêntico. No entanto, podia tentar ouvir mais as pessoas. Em sua nova função, esse pequeno gesto transformou as percepções a seu respeito. Ele foi considerado um líder simpático e efetivo, bom com as pessoas.

Defina as expectativas corretas

A definição das expectativas corretas também deve ser realizada antes de você ir para uma nova função. As chances são que a pessoa que você está substituindo pintou um quadro de um trabalho bem feito, com tudo pronto para um sucesso atordoante. Esse é um cálice envenenado. Se essa for a versão aceita dos eventos, você não poderá vencer. Caso se saia bem, será por causa do grande trabalho do seu predecessor. Se as coisas derem errado, será porque você foi incompetente. Redefina as expectativas rapidamente. Mostre que, apesar das aparências, tudo está à beira do colapso total. Se essa versão da verdade for aceita, então o fato de evitar o desastre o tornará um herói. O mesmo desempenho modesto pode ser considerado um sucesso ou um fracasso, dependendo de como você define as expectativas.

Essa não é uma prática sorrateira de alguns gerentes de nível médio: é a prática padrão. Leva tempo para perceber quantos novos CEOs descobrem subitamente a necessidade de grandes baixas contábeis e reduções do valor contábil dos ativos provocada por seus antecessores imprudentes. Eles estão simplesmente definindo as expectativas dos acionistas e criando uma base baixa, a partir da qual podem facilmente melhorar o desempenho.

Conte uma história

Contar uma história consiste em ter uma visão e uma estratégia. Todas as empresas e todos os departamentos precisam de uma visão, para saber aonde vão. Ter visão e estratégia é diferente de ser um visionário. Para cada grande visionário que o conduz à terra prometida, há uma dezena que o leva de volta para o deserto. Uma visão e uma estratégia são muito mais práticas. Uma boa visão não é mais do que uma história em três atos:

> Para cada grande visionário que o conduz à terra prometida, há uma dezena que o leva de volta para o deserto

1 estamos aqui;
2 vamos para ali;
3 chegaremos lá dessa maneira.

Com essas referências, qualquer pessoa pode criar uma visão da sua parte do negócio. Ter a história é fundamental para percepções e influência. Muitos colegas e chefes têm somente uma ideia vaga a respeito do que você realmente faz. Os diretores não executivos podem não saber direito qual é a estratégia da empresa. No entanto, se você lhes der uma história para contar, eles poderão ir para a ópera ou para o campo de golfe felizes, narrando a história para seus amigos. A afirmação "chegaremos lá dessa maneira" precisa ser simples para ser lembrada. Pode se caracterizar por um tema da campanha para o próximo ano, como:

- cortar gastos;
- ser mais profissional;
- aumentar o foco no cliente.

Uma história boa e simples oferece a todos direção e foco. Ajuda as pessoas a se lembrar do que você representa e dá a impressão de que você possui um plano e está fazendo a diferença. São boas impressões para um influenciador criar.

Escolha a equipe certa

Escolher a equipe certa é fundamental. Uma boa equipe caminha sobre a água. Um grupo fraco submerge e o levará para o fundo. Esse é outro *flash* ofuscante do óbvio. Só merece ser reafirmado porque é ignorado rotineiramente. Diversos administradores supõem que a equipe que herdam é aquela com a qual devem trabalhar. Essa suposição perigosa leva às lágrimas. Pode-se ter sorte com essa herança ou não. Se você decidir confiar na sorte, também pode confiar nas cartomantes e no tarô.

A arte da montagem da equipe baseia-se muito na troca e no relacionamento com os colegas. Dar opções aos membros do grupo em outros setores da organização é menos problemático e mais fácil do que tentar demitir todos. O influenciador que teceu uma forte rede de influência pode encontrar alternativas razoáveis para os membros que precisam ser trocados. Da mesma maneira, faz sentido investir na atração das pessoas que você quer na sua equipe. Tudo isso significa trabalho duro. Requer dar e receber: todos querem se livrar dos membros fracos e evitar assumir pessoal desconhecido, novo ou fraco.

Como nas transações de jogadores da Liga Nacional de Futebol americano, o objetivo não é conseguir os vinte melhores. Todos podem ser *quarterbacks*. O objetivo é montar um time equilibrado; é na busca do equilíbrio que a transação torna-se possível. Se você tiver dois bons *quarterbacks*, um deles poderá ser negociado, trocado por uma dupla de jogadores das posições em que o time está fraco.

Resumo: estilo e substância

Em todos os momentos decisivos, você será julgado não somente por aquilo que faz como também pela maneira como faz. Os observadores, incluindo os chefes, consideram muito difícil saber quem foi o responsável por alguma coisa e quem teve a culpa. Os fatos de cada caso tendem a ser obscuros e contraditórios. A conversa do tipo "Eu disse que ele disse, ela disse que eu disse" só piora as coisas. Os chefes não querem saber de quem disse o quê ou de quem fez o quê. Não entenderão a história e, provavelmente, não se importarão muito com ela. Querem saber como avançar.

Mesmo que a história seja confusa, o presente é muito claro. Os momentos decisivos são vida vivida com o botão de gravar ligado e em tecnicolor; todos se lembram bem desses momentos. Eis por que eles constroem ou arruínam reputações. Muito depois de os detalhes daquilo que aconteceu terem sido esquecidos, o modo pelo qual as pessoas se conduziram será lembrado. Isso significa que o estilo é tão importante quanto a substância. A boa notícia é que o comportamento não profissional ajuda o administrador que influencia. Quanto menor o comportamento profissional de todos os demais, mais fácil é, para o administrador influente, estabelecer uma reputação positiva.

Considere alguns modelos inspiradores positivos e negativos: como eles se conduziram nos momentos decisivos? Você pode criar sua própria lista de verificação a respeito do que fazer e do que não fazer. Algumas das regras mais comuns que as pessoas identificam são apresentadas a seguir.

Não fazer	Fazer
Esconder-se	Apresentar-se
Ser negativo	Ser positivo
Olhar para trás, analisar	Olhar para a frente, achar soluções
Zangar-se	Acalmar-se
Culpar, dividir	Apoiar, cooperar
Enfocar os problemas	Orientar para a ação

Assim como acontece em relação à influência, isso é óbvio. Não há segredos sombrios aqui, mas somente bom senso. No entanto, diversos administradores deixam o bom senso no estacionamento. Se você for capaz de levar seu bom senso para o escritório, e aplicá-lo de modo consistente, poderá se destacar positivamente e desenvolver sua influência.

> Diversos administradores deixam o bom senso no estacionamento

CAPÍTULO 11

Ganho mútuo

Henry Kissinger foi secretário de Estado dos Estados Unidos durante a guerra do Vietnã. Estava acostumado com a política e a diplomacia de alto nível. No entanto, considerou isso muito mais fácil do que a política acadêmica. Lidar com professores era mais difícil do que lidar com presidentes: "A política acadêmica é tão viciosa porque os riscos são muito pequenos", ele afirmou. Como secretário, Kissinger corria altos riscos: podia oferecer acordos comerciais e acordos de ajuda; apoio de inteligência e apoio militar. Também contava com diversas sanções, para ameaçar países ou para utilizar contra eles. Em uma universidade, somente uma pessoa pode se sentar na cátedra docente. Pequenos riscos, grande politicagem. O mesmo problema afeta todas as empresas. Os riscos são muito pequenos. Ser criativo correndo riscos é essencial para influenciar.

Os administradores competem intensamente pela mesma quantidade limitada de tempo, orçamento, bônus e promoção. A competição real não está no mercado, mas sentada na mesa ao lado. O resultado é um mundo viril de ganhadores e perdedores. Como sempre, contudo, a melhor maneira de ganhar é sem briga. Essa é a arte sutil do ganho mútuo. Se você utilizar bem a influência, a

> A competição real não está no mercado, mas sentada na mesa ao lado

maioria das batalhas poderá ser evitada. A arte é ganhar deixando o outro lado achar que também ganhou. A arte do ganho mútuo é um princípio básico de negociação, tanto dentro da empresa como com terceiros.

Os cinco principais elementos para uma discussão com ganho mútuo são:

- foco nos interesses e não nas posições;
- oferta de opções;
- oferta de concessão simbólica;
- elaboração de uma história;
- parceria público-privada.

Os cinco temas podem ser encontrados no mundo improvável dos rótulos das latas de sopa. Eles não são glamorosos, mas são necessários. Inevitavelmente, o comprador dos rótulos queria um preço menor. E só pensava nisso, pois dessa maneira demonstrava estar realizando um bom trabalho.

Já o vendedor dos rótulos precisava maximizar seu preço de venda. Cada encontro se transformava num debate. Os dois lados tinham uma posição muito clara, que podia ser expressa na forma de um preço.

Certo dia, o vendedor fez algo estranho. Perguntou se poderia visitar a fábrica de sopas. Queria ver o que acontecia com seus rótulos. Aliviado por ter uma conversa e não uma discussão, o comprador concordou. Ambos percorreram a fábrica e conversaram com diversos gerentes a respeito do que queriam dos rótulos.

O programador da produção mostrou-se frustrado, pois era muito difícil prever a demanda. Muitas vezes, precisava de um rápido fornecimento de rótulos; em caso de frente fria na primavera, as vendas de sopas disparavam e a fábrica ficava sem rótulos, que representavam 0,1% do custo da sopa. Mas, sem eles, a fábrica perdia 100% das vendas.

O gerente de marketing também estava frustrado. Precisava de tiragens pequenas para promoções ou para testar mercados. Como para o programador, o custo dos rótulos era mais ou menos irrelevante. Suas necessidades giravam em torno de design flexível e execução rápida dos serviços. O gerente de produção, por seu turno, amaldiçoava o gerente de marketing. Para ser eficiente, ele queria ciclos longos de produção de sopa de tomate. Todas as mudanças em relação a sabores e designs eram um aborrecimento que interrompia o fluxo eficiente da produção.

O vendedor e o comprador voltaram para o escritório pensativos. Talvez o produtor de rótulos pudesse ajudar mais o fabricante de sopas. Aparentemente, tiragens menores, execução rápida dos serviços e design flexível eram, no mínimo, tão importantes quanto o preço. O vendedor e o comprador perceberam que tinham novos assuntos para conversar. O produtor de rótulos podia ajudar o fabricante de sopas a vender mais e a ganhar mais dinheiro oferecendo tiragens menores e execuções rápidas. E o fabricante de sopas pagaria mais por isso.

Essa equação permitiu que o vendedor oferecesse uma redução adicional no preço dos rótulos para grandes lotes de sopa de tomate. Compensava esse desconto com ganhos em outros lotes. Em troca, o vendedor obteve garantias de tiragens grandes e volumes elevados. O fornecedor de rótulos ganhou (preços maiores em tiragens especiais) e o comprador ganhou (ajudando a fábrica de sopas a ganhar mais dinheiro).

A história da sopa ilustra os principais pontos de um ganho mútuo bem-sucedido.

- *Interesses em vez de posições*. O argumento do preço não proporcionava ganho mútuo. Ajudar o fabricante de sopas a ganhar dinheiro proporcionava ganho mútuo.
- *Negociação particular e não pública*. As negociações ocorreram no escritório do comprador. Se tivessem acontecido na fábrica, o comprador teria achado difícil ser tão flexível.

- *Oferta de mais de uma única alternativa.* Afastada a discussão sobre o preço, ambos puderam conversar sobre assuntos que tinham mais valor para o fabricante de sopas.
- *Elaboração de uma história.* O vendedor deu ao comprador a chance de demonstrar que ele não era só durão (na questão do preço) como também inteligente (melhorando a lucratividade da empresa). O ganho deixou de ser apenas racional, para a empresa; era um ganho pessoal para o comprador.
- *Dar e receber.* Ao criar opções, o vendedor pôde oferecer descontos no preço (para os rótulos da sopa de tomate) e obter um retorno tanto em volume (sopa de tomate) como no preço (tiragens especiais).

A seguir, analisamos como aplicar esses cinco princípios de influência na prática.

Foco nos interesses e não nas posições

Sarah dava aulas em uma escola de uma área decadente do centro da cidade, que apresentava grandes desafios. Tinha se saído muito bem nos dois primeiros anos. Achava que, agora, merecia um aumento salarial e uma promoção. O diretor da escola tinha pouca verba e muito pouca flexibilidade em relação a aumentos e promoções. Sarah e o diretor tinham posições completamente opostas: aumento salarial e promoção x nenhum aumento e nenhuma promoção. A guerra se aproximava. Como evitar uma batalha sem ganho mútuo a respeito das suas respectivas posições?

Felizmente, os dois tinham um compromisso muito sério: melhorar as condições de vida das crianças do centro decadente da cidade. Possuíam um interesse comum, em um nível muito alto, mas ainda havia uma distância enorme para converter esse interesse em um passo adiante prático. Sendo professora, Sarah fez seu dever de casa antes de se encontrar com o diretor. Descobriu que eles tinham outros três interesses comuns:

- ela queria ficar na escola e o diretor precisava dessa permanência. Atrair pessoal de qualidade demandava tempo, era caro e apresentava muito risco;
- ela queria mais responsabilidades. O diretor tinha diversos programas em torno de gestão comportamental e cursos de alfabetização que precisavam de um líder de equipe;
- ela queria desenvolver sua carreira e obter um mestrado. O diretor estava sob pressão e desejava mostrar aos superiores o que estava fazendo acerca de desenvolvimento profissional.

No encontro, o diretor sentiu um grande alívio quando Sarah não pediu o esperado aumento salarial e a promoção. Foi uma discussão muito mais útil, a respeito do que ela faria se ficasse na escola. No fim, concordaram que Sarah dirigiria o curso de alfabetização, o que lhe daria créditos para o mestrado.

Finalmente, ela perguntou como o diretor poderia ajudá-la em relação ao salário e ao cargo. Muito tarde, o diretor percebeu que fora colocado numa posição difícil. Precisava fazer algo por Sarah. Houve uma longa pausa. O diretor compreendeu que, se ela dirigisse o curso de alfabetização, isso significaria uma economia de gastos pelo fato de não haver necessidade de trazer ajuda externa. Manter Sarah na escola também representaria uma economia de gastos e riscos em relação ao recrutamento de outra pessoa. A professora o ajudava a economizar um orçamento precioso. O diretor podia se permitir dividir parte da economia com ela. No fim, Sarah obteve menos do que pediu, mas mais do que esperava. Mais importante, tanto Sarah como o diretor saíram do encontro sentindo que tinham obtido um resultado muito satisfatório. Nenhum deles alcançou suas posições originais, mas satisfizeram seus interesses comuns.

> Se você vencer uma discussão, perderá um aliado

As discussões sem ganho mútuo são naturais, mas improdutivas. Se você vencer uma discussão, perderá um aliado. Os influenciadores aprendem que, no longo prazo, a conquista de aliados é mais importante do que as discussões vencedoras. No momento em que há uma nova discussão, o perdedor estará pronto para a vingança. Em comparação, os influenciadores dispõem de caminhos muito mais fáceis para um ganho mútuo com seus aliados. Enfocar os interesses comuns, em vez das posições individuais, é o primeiro passo para alcançar o ganho mútuo.

Ofereça opções

Entrei numa loja para comprar um computador. O gerente e eu não tínhamos nenhum interesse comum. O gerente queria ganhar o máximo possível de dinheiro e eu queria gastar o mínimo. Calculei mil dólares. Ao que tudo indicava, teríamos uma colisão frontal a respeito do preço.

No entanto, o gerente era inteligente. Primeiro, dedicou um tempo para escutar o que eu queria (um bom começo). Então, sugeriu um computador que tinha um preço inferior ao meu orçamento (muito inteligente). Isso mostrou que eu podia confiar nele. Não havia a tentativa de me levar a uma faixa de preço superior. O gerente me deixou confuso, o que foi ainda mais inteligente. Ele me confundiu com alternativas.

Em primeiro lugar, há inúmeras configurações de computadores e trocas em relação a diversos recursos: memória, velocidade, armazenamento, recursos gráficos e muito mais. Até mesmo um computador popular oferece diversas opções: aplicativos, suporte técnico, garantia, entrega, configuração, financiamento (compra ou *leasing*). As alternativas são atordoantes. Naquele momento, percebi que o foco no preço era muito simples. Eu precisava pensar mais no custo e no valor.

Enquanto refletia em relação a todas as alternativas, senti-me inseguro. Felizmente, o gerente facilitou minha vida. Reduziu as opções a dois pacotes, que pareceram se adaptar melhor ao meu caso: um, de 25 dólares por mês, durante três anos; o outro, de 35 dólares por mês. Para deixar tudo mais fácil, ele ofereceu um aplicativo adicional, um ano a mais de garantia e um pacote de transferência de dados, o de preço mais alto. Ele me fizera uma concessão. E, embora se tratasse de uma prática-padrão, deu-me a sensação de vitória. Comprei e fiquei feliz de ter feito um bom negócio... que me custou mais do que eu planejara.

Ao oferecer alternativas, o gerente escapou da simples discussão sobre preço. Transformou-a numa avaliação de valor x preço. Uma discussão acerca de preço não envolve ganho mútuo. A conversa a respeito de valor x preço pode ser de ganho mútuo.

Muitas colisões frontais podem ser evitadas mudando os termos do debate e oferecendo alternativas. Em geral, essas alternativas evitam a barganha de posições e levam a um debate mais rico em torno de interesses, como esquematizado na seção anterior. Entre os exemplos típicos de mudança dos termos do debate incluem-se:

- de preço para valor;
- de quantidade para qualidade;
- de entradas para saídas (o custo dos rótulos das latas de sopa para os lucros da venda do produto);
- da promoção no emprego para o desenvolvimento pessoal.

Faça uma concessão simbólica

Os negociadores gostam de pensar que ganharam. Deixe que pensem assim. Tenha algumas concessões prontas que permitam que eles se vangloriem, que construam uma história para convencer-se, e aos outros, de que ganharam. As concessões podem ser simbólicas e substantivas. Na venda de serviços profissionais, por exemplo, os clientes sempre expressam desagrado quando apresentados ao custo. E têm razão, pois as contas são dolorosas. Mas acham difícil negociar o preço, uma vez que lhes é difícil dimensioná-lo corretamente. No entanto, querem saber se estão fazendo um bom negócio. A solução é oferecer-lhes vantagens.

- *Data de início.* Deixamos os clientes negociarem e "ganharem" sua data de início preferida.
- *Líder de equipe.* Os clientes gostam de contar com uma ou duas pessoas que conheceram no processo de vendas. Mesmo que elas estejam disponíveis, joguemos duro para "conceder-lhes" essas pessoas.
- *Garantia de qualidade.* Permitimos que os clientes estabeleçam pontos de interrupção no programa, em que eles possam decidir continuar ou parar. Na prática, uma vez iniciado o programa, é quase impossível parar, mas é uma *concessão reconfortante* para eles.

Essas concessões são mais ligadas às percepções do que à realidade. Os administradores costumam julgar difícil negociar os assuntos realmente importantes, pois são muito complexos. São como o bêbado que perde as chaves no beco escuro à noite e procura as chaves na rua porque lá existe iluminação, que lhe permite ver mais claramente. Os administradores negociam o que é fácil e não o que é importante.

> Os administradores negociam o que é fácil e não o que é importante

Isso ficou claro em uma reunião de diretoria muito tensa, após uma fusão. A diretoria passou uma hora discutindo se os funcionários teriam permissão para beber uma taça de champanhe e celebrar a fusão. Um lado afirmou que álcool no horário de trabalho era um mau exemplo. Outro lado afirmou que a administração precisava expressar sua apreciação. E, como não havia interesses especiais em jogo, todos podiam discutir a respeito de princípios longamente. Pouco antes do almoço o presidente quis encerrar a reunião.

Ganho mútuo

O diretor de TI reagiu rapidamente: "Antes de terminar, podemos aprovar meu documento sobre estratégia de integração de TI?" Os diretores de marketing, recursos humanos, finanças e conselho parecerem desinteressados. A integração de TI era um conceito estranho para eles. Aprovaram com um movimento de cabeça. Com isso, mil cargos foram extintos, um fornecedor de TI perdeu 100 milhões de dólares, que foi para um rival, e uma pequena localidade sofreu um grande aumento de desemprego. Os administradores preferem discutir o que é fácil e não o que é importante.

Elabore uma história

Nenhuma pessoa gosta de perder. Os influenciadores efetivos entendem como usar bem essas percepções. O objetivo é permitir que as pessoas se convençam de que obtiveram êxito. Elas precisam contar aos seus amigos, colegas e chefes que foram inteligentes e alcançaram um bom resultado. As negociações bem-sucedidas envolvem tanto as percepções quanto a realidade; envolvem emoção e razão.

> As negociações bem-sucedidas envolvem tanto as percepções quanto a realidade

O sucesso precisa ser embalado em uma declaração ou história fácil, que pode ser recontada a qualquer um. Revise as histórias neste capítulo. O influenciador deve deixar o alvo com uma história que lhe faça bem.

- O comprador do rótulo de sopa ajudou a empresa a ganhar mais dinheiro, apoiando melhor as explosões da demanda e as promoções especiais (mas pagou mais pelos rótulos).
- O diretor da escola manteve uma professora importante, solucionou o problema do curso de alfabetização, evitou gastos de recrutamento onerosos e mostrou aos superiores um bom exemplo de desenvolvimento profissional (mas gastou um pouco mais de dinheiro e gerou algum aumento indevido das notas).

- O comprador do computador obteve melhores condições de financiamento, suporte técnico e configuração, juntamente com alguns aplicativos gratuitos. Foi um bom negócio (mas o custo total foi maior do que o planejado).

Essas histórias permitem que as pessoas pareçam bem para elas mesmas e para seus colegas. O influenciador inteligente reforçará essas histórias, congratulando o alvo pelo bom negócio ou explicando que concedeu mais do que o alvo esperava. É pura bajulação, que alimenta o ego e reforça a confiança e a autoimagem do comprador. Não custa nada, mas forja confiança.

Parceria público-privada

Assim que uma pessoa diz alguma coisa em público, ela se compromete. Não pode se livrar da sua posição sem se desmoralizar. Perceba como os políticos realizam contorções para evitar a mudança de uma posição pública, mesmo quando uma visão lúcida da sua situação demandaria alguma modificação. No trabalho, assim que uma pessoa diz "isso não vai funcionar...", ela se compromete. Depois, encontrará qualquer motivo para justificar seu instinto inicial.

A distinção básica está entre o público e o privado. Qualquer evento em que haja mais de duas pessoas é público. Introduzir uma terceira pessoa significa que a conversa não é mais particular.

Por isso, o máximo da influência acontece a portas fechadas e entre duas pessoas. O propósito de um encontro, para um influenciador, não é tomar uma decisão. O valor de um encontro público (com mais de duas pessoas) é dar confirmação pública a respeito de todos os negócios que foram fechados em particular. Cada pessoa em volta da mesa quer o bem-estar de saber que não está sozinha no respaldo a sua ideia brilhante ou maluca. O acordo coletivo é importante: se todos concordarem, então ninguém poderá ser responsabilizado se as coisas derem errado.

Se houver uma pessoa que não pode ser influenciada em particular, então, no mínimo, as discussões particulares permitirão que você faça três coisas que ajudam:

- entender por que a pessoa discorda; nesse caso, procure limitar o desacordo a um ou dois assuntos muito específicos;
- construir uma coalizão de apoio que isola a pessoa discordante. Assim que perceber o poder da coalizão, ela, em geral, recua depois de expressar suas ideias;
- adotar um processo justo, uma vez que você dá ao indivíduo uma chance de ser ouvido. Essa mostra de respeito anula muito o veneno e a veemência da oposição.

Mantenha as dúvidas e a oposição em segredo; torne públicos os acordos.

Resumo

O ganho mútuo consiste em mentalidade e criatividade.

A mentalidade do ganho mútuo depende de enxergar o mundo através dos olhos da pessoa que você quer influenciar. Você não pode lhe oferecer uma vitória se não souber o que é uma vitória para aquela pessoa. E a boa notícia é que a vitória diz respeito tanto à percepção como à realidade. Encontre uma concessão, uma oferta que a fará parecer bem a seus próprios olhos e aos olhos dos colegas.

Descobrir o ganho mútuo requer criatividade. A criatividade pode vir, impulsivamente, do gênio inato, ou pode vir da experiência. Um modo mais confiável de ser criativo é trabalhar em equipe. Prepare reuniões de vendas, negociações e encontros importantes com a ajuda da sua equipe. Quanto mais você discutir, mais opções, possíveis concessões e ganhos mútuos aparecerão. Você ganhará

> A espontaneidade é melhor quando bem ensaiada

mais *insight* sobre como a outra parte pensa. A espontaneidade é melhor quando bem ensaiada.

A mentalidade do ganho solitário pode vencer a batalha hoje. No entanto, dificulta muito mais ganhar a batalha de amanhã: o perdedor será duas vezes mais resistente da próxima vez. O ganho mútuo permite que você vença hoje sem lutar. Facilita ainda mais ganhar de novo na ocasião seguinte, pois você conta com um aliado e não com um inimigo.

CAPÍTULO 12

Conversas persuasivas

As artes sombrias da persuasão abrangem diversos pecados: suborno, chantagem, intimidação, logro, fraude, visita de surpresa e persistência. Todas podem funcionar. Por mais atraentes e efetivas que muitas dessas ferramentas possam parecer, nós as deixaremos de lado. Nenhuma delas é necessária para um administrador ser influente. Há uma arte mais sutil da persuasão que todos os gerentes devem aprender se quiserem obter sucesso. É a arte da conversa persuasiva: convencer os outros a apoiar você e as suas ideias. Faça isso bem e eles o seguirão de boa vontade, sem relutância. Controlar essas conversas e persuadir os colegas a apoiá-lo parece mágica.

Uma conversa persuasiva é basicamente uma tentativa de vender ou promover alguma coisa. Muitos administradores não gostam de considerar-se vendedores. No entanto, se quiserem ser influentes, terão de aprender a arte da persuasão e da venda. Quanto mais seniores eles se tornam, mais importantes são as vendas. Os CEOs são basicamente vendedores: vendem ou promovem suas ideias aos acionistas fora e dentro da empresa.

Um CEO calculou que mais de 50% do seu tempo, em uma reestruturação importante de dois anos de duração, foi despendido conversando, ouvindo e persuadindo. As tarefas tradicionais de decidir a estratégia, alocar os recursos e monitorar o desempenho eram triviais, em comparação com a tarefa de vendas. Os administradores de todos os níveis precisam dominar as vendas e as conversas persuasivas para promover e proteger suas agendas com sucesso.

Todas as conversas persuasivas apresentam a mesma estrutura, mesmo que sua duração seja diferente, de dois minutos a dois anos. É uma estrutura que aprendi quando vendia fraldas em Birmingham. Desde então, eu a utilizei para criar um banco, vender consultoria no Japão e persuadir colegas para obter seus apoios. O contexto, os objetivos, a cultura e o período mudam, mas a estrutura continua a mesma. Ela tem sete passos:

1 preparação;
2 alinhamento;
3 concordância com o problema ou a oportunidade;
4 análise de benefícios e resultados;
5 esquematização das soluções;
6 prevenção e/ou solução de problemas;
7 encerramento.

Para demonstrar a fluidez dessa estrutura, consideremos um exemplo simplificado. A equipe havia trabalhado muito e queria continuar trabalhando. Achei que todos precisavam de uma pausa para conseguir ser produtivos no dia seguinte. Sugeri uma parada, para tirá-los do escritório e vê-los divertir-se no bar.

1 *Preparação*. Certifique-se de que toda a equipe está na sala. Verifique com dois deles se estão tão cansados quanto aparentam. Peça a atenção de todos.
2 *Alinhamento*. "Foi uma semana difícil. Como vocês estão se sentindo?" A equipe responde com gemidos de cansaço e resmungos de descontentamento.
3 *Concordância com o problema/a oportunidade*. "Estamos todos cansados. Precisamos de uma pausa."

4 *Análise de benefícios e resultados.* "Precisamos descansar para amanhã. Um pouco mais de motivação também não seria mal."
5 *Esquematização da solução.* "Vamos até o bar da esquina."
6 *Prevenção/solução de problemas.* "Pagarei a primeira rodada."
7 *Encerramento.* "A última pessoa que sair paga a segunda rodada."

Essa conversa persuasiva durou segundos antes de a debandada para a porta começar. Outras conversas não são tão fáceis, demandam mais tempo e requerem mais sutileza.

Para ilustrar a estrutura, utilizaremos um caso principal e nos referiremos a alguns outros. O caso principal foi um desafio inesperado. Estávamos em Tóquio. Um banco nos chamou e disse que gostaria de falar conosco acerca de corte de gastos. Soubemos que eles já tinham concordado informalmente em trabalhar com a McKinsey, empresa de consultoria, com a qual dividiam o mesmo edifício, no projeto. Não tínhamos trabalhado com o banco ainda. Estávamos sendo chamados para manter os honorários da McKinsey num patamar honesto. Nosso desafio era claro: substituir o fornecedor preferido e ganhar o contrato com o banco.

À medida que trabalhamos os sete estágios de uma conversa persuasiva, devemos nos lembrar de sete princípios, que colocam em prática diversos preceitos da influência.

1 *O princípio da concordância.* Uma conversa efetiva indica acordo desde o início. Você pode começar concordando que o dia está chuvoso, ou ensolarado. O segredo é dar início ao processo de concordância desde o começo da conversa. Não principie pelo assunto mais litigioso: se a outra parte começar discordando, continuará a fazer isso. A ideia é concentrar lentamente a discussão para seu resultado desejado.
2 *O princípio do ganho mútuo.* Uma discussão sem ganho mútuo é um conflito. Identifique como vocês dois podem ganhar e ambos terão uma conversa muito mais produtiva.

3 *O princípio do envolvimento emocional.* É fácil discordar das pessoas de que você não gosta, porém é mais difícil discutir com as pessoas de que você gosta. Capte o comprimento de onda de seu colega desde o início. Se ele o incomodar, não demonstre.

> É fácil discordar das pessoas de que você não gosta

4 *O princípio de se colocar no lugar do outro.* Não tente submeter as pessoas ao brilho das suas ideias e da sua lógica. É preciso perceber o que o outro ganha com isso, por que ele discorda e o que você pode fazer para impedir essa discordância.

5 *O princípio das opções.* Tenha uma opção de "melhor caso" e esteja preparado para trabalhar com base nessa opção. Construa a discussão desde o início em torno do seu melhor caso: é mais fácil conceder do que fechar um acordo e, depois, pedir mais. Defina bem as expectativas desde o início. Permaneça aberto a novas ideias: você pode melhorar sua melhor opção.

6 *O princípio da parceria.* Você não está dando nem recebendo ordens de ninguém a respeito do que fazer. O que há é um trabalho conjunto para chegar a um bom resultado. Isso significa que você deve ouvir duas vezes mais do que falar. Também deve parecer um parceiro e representar esse papel, não o de um vendedor.

7 *O princípio da lógica.* Os sete passos são um fluxo. Não se adiante. Demore o tempo necessário e se certifique de que cada passo está dado antes de ir para o seguinte. A única exceção é o encerramento: se alguém quiser concordar com suas ideias, permita. Não gaste mais tempo falando e persuadindo. Você pode dizer algo que atrapalhe a vender de seu projeto.

A estrutura da conversa e os princípios são o modelo 7x7 de vendas e persuasão. Não tente se lembrar de tudo de uma vez. Faça uma coisa por vez, e progrida a partir disso. Cada um tem seu estilo e seu modo de implementar o modelo. Não se trata de um roteiro mecanicista. Para começar, enfoque o primeiro passo (preparando a conversa) e procure implementar qualquer um dos sete princípios, em geral aquele que o deixa mais à vontade. Com a prática, você vai desenvolver mais passos e mais princípios. Como consolo, garanto que até mesmo o melhor vendedor ainda se confunde e ainda está aprendendo, após décadas de experiência. O objetivo não é a perfeição, mas sim o aprimoramento.

Preparação

A conversa social pode ser uma atividade casual, agradável, para a descoberta do outro. A atividade casual não leva a empresa a obter êxito; por isso, para progredir, deve haver um propósito numa conversa. Isso requer preparação, e ela pode levar quinze segundos — o tempo em que você caminha para o escritório de alguém — ou pode levar dias, quando o objetivo é uma reunião importante. A lista de verificação abrange as cinco perguntas a seguir.

1. O que quero obter nessa reunião?
   - Qual é o meu plano B, que garante o cumprimento de metade do objetivo?
2. Como as outras pessoas levarão em consideração esse assunto?
   - Quais são as áreas proibidas?
   - Quais são os assuntos quentes? Como serão ativados?
   - Por que as pessoas vão querer apoiar essa ideia?
3. Como devo interagir? Quais os estilos das pessoas?
4. Há alguma logística necessária para a reunião: telefones, números da conferência, flip-chart, leiaute da sala, quantidade de pessoas, reservas da sala etc.?
5. Como começarei a reunião?

Para nossa primeira reunião formal com o banco de Tóquio, passamos diversos dias fazendo nosso dever de casa: descobrindo o máximo possível a respeito do negócio, quem estaria presente e o que, de fato, sabíamos a respeito deles. Depois de descobrir que a McKinsey era nosso concorrente, entendemos que não fazia sentido realizar uma apresentação ostentatória de igual para igual. Teríamos de mudar as regras do jogo, fazendo um encontro mais interativo e participativo. Definimos essa expectativa, deixando claro que seria um exemplo do modo como gerenciaríamos o projeto com eles.

Também enviamos antecipadamente um resumo das nossas principais credenciais, porque não queríamos gastar o tempo de reunião nos vangloriando. Queríamos envolver o cliente e fazê-lo falar, em vez de ele nos ouvir promovendo algo, em vez de ele nos julgar. Embora fôssemos ter uma discussão, e não uma apresentação, a preparação foi intensa. Tínhamos de nos preparar para todos os rumos que a discussão pudesse tomar, e roteirizamos muito rigidamente o resultado que realmente queríamos. Preparar uma apresentação leva menos tempo, pois há menos interação e menos variáveis com as quais se preocupar.

Alinhamento

É aqui que precisamos começar a nos colocar no lugar do outro. Precisamos ajudar o outro a responder a algumas perguntas que ele terá em mente.

- Qual é o tema da discussão?
- Por que devo falar a respeito desse assunto?
- Por que estou falando agora?

Essa parte da discussão começa socialmente e acaba profissionalmente. Quanto melhor você conhecer alguém, mais rápido o alinhamento poderá acontecer. Pode ser tão rápido quanto "Oi, Sam, como vai?" Se Sam parecer irritado e perturbado, valerá a pena saber o que o incomoda. Se aquela for uma hora ruim para conversar, deixe Sam resolver seus problemas primeiro e marque outra hora para conversar.

Nos primeiros encontros, o alinhamento demanda tempo e esforço. A outra pessoa estará interessada em conhecê-lo e julgará se vale a pena conversar com você. Talvez seja necessária uma apresentação formal das suas credenciais, mas isso pode dar errado. Seu interlocutor pode não ficar impressionado ou não gostar da sua gabolice. Isso coloca você na posição de suplicante e coloca o outro na posição de juiz e júri, e isso não caracteriza uma discussão de parceria. A melhor maneira de começar é encontrando alguma base comum: lugares em que você trabalhou, pessoas que vocês dois conhecem, conferências frequentadas. Esses vínculos profissionais são uma oportunidade de mostrar que você sabe do que está falando. Não entre em uma disputa a respeito de quem tem a melhor experiência. Aproveite a oportunidade para elogiar e tranquilizar o ego de um executivo: fique convenientemente impressionado com o que ele afirma ter alcançado e com os desafios que enfrentou. Mesmo áreas de sobreposição social forjam algum respeito mútuo.

Assim que o outro lado se sentir tranquilo, sabendo que conversa com a pessoa certa, no momento certo, você pode passar explicitamente para o principal assunto da discussão.

No banco, a reunião começou com uma troca formal de *meishi* (cartões de visitas). Rapidamente, descobrimos que tínhamos muitas áreas de base e experiência comuns; nós a identificamos na pesquisa que fizemos. Eles, por seu turno, haviam-nas identificado no material que enviamos antecipadamente. Foi uma conversa social, que confirmou o fato de sabermos do que estávamos falando. Assim que eles ficaram descontraídos, esboçamos como queríamos conduzir a reunião: exporíamos uma agenda e a finalidade, o que exigiria a participação deles. Essa era a expectativa que tínhamos definido, e os executivos do banco ficaram contentes por cumprir com nossa vontade. Não fizemos nenhuma apresentação.

Concordância com o problema/a oportunidade

Se vocês conseguirem concordar com o problema ou a oportunidade, há muita chance de que a solução seja facilmente encontrada. Em muitos casos, as conversas persuasivas dão errado, pois os dois lados possuem visões diferentes a respeito do problema ou da oportunidade. Despenda tempo para concordar explicitamente com o problema. Mesmo que ambos concordem a respeito do problema em linhas gerais, lembre-se de que poderão ter perspectivas diferentes sobre ele. Investigue essas perspectivas. Nesse momento, você não precisa persuadir, mas sim ouvir.

Se a conversa der errado, volte a esse ponto. Reafirme que é isso que você está tentando realizar em conjunto. Essa etapa é o funil lógico da conversa. Em caso de dúvida, sempre volte a esse ponto, para esclarecer e confirmar.

No caso do banco de Tóquio, essa foi a etapa crítica. Tínhamos de equacionar novamente o problema. Eles fizeram isso pensando em corte de gastos. Sabíamos que isso era improvável: a atividade bancária estava crescendo, e, no Japão, demitir pessoas é o mais próximo que se chega do suicídio empresarial. Assim, fomos ao banco para falar a respeito do negócio deles.

Com orgulho, disseram que estavam crescendo. Falamos sobre como uma empresa ocidental repudiara algumas ofertas de emprego, e os japoneses concordaram que essa prática seria um desastre. Lentamente, deixamos que descobrissem que não queriam cortar gastos, mas mantê-los fixos enquanto os volumes das suas operações cresciam. Essa foi uma reformulação radical do problema, levando a soluções radicalmente diferentes.

Ao conseguir esse grande progresso, começamos a ganhar. Ao ajudá-los a equacionar o problema, agregamos muita credibilidade e valor a nosso trabalho. E isso sem mostrar nenhum papel, sem fazer apresentações. Simplesmente conversamos. Mas foi uma conversa muito estruturada e propositada.

Análise de benefícios e resultados

Depois de você concordar com o problema ou a oportunidade, uma grande armadilha se abre. É tentador sugerir a solução e discutir como ela funciona. Isso pode gerar resistência. Os seres humanos são avessos ao risco. Enquanto você fala com entusiasmo a respeito do que acontecerá depois, a outra pessoa imagina todos os riscos e o trabalho duro que sua ideia representa para ela. Subitamente, você retoma a defensiva, tendo de lidar com os demônios que foram invocados. A probabilidade é a emergência de tantos demônios que seu interlocutor mentalmente desiste da sua ideia.

Depois de você concordar com a natureza do problema ou da oportunidade, mostre que isso merece ser definido. Avalie o preço. Se o preço for muito alto, então valerá a pena assumir algum risco e lidar com os demônios. Quanto maior o preço, mais esforço valerá a pena. Assim, nessa etapa, defina as expectativas no nível mais alto possível, pois você sempre pode voltar atrás depois. É muito mais difícil aumentar as expectativas mais tarde. Fixe a discussão no nível correto.

No caso do banco de Tóquio, essa foi uma etapa simples. Já tínhamos mostrado que a questão não era cortar gastos absolutos, mas manter os gastos estáveis durante o crescimento. Tudo que precisávamos agora era avaliar o preço: quanto crescimento eles esperavam com aumento de gasto igual a zero e durante quanto tempo? Colocamos a pergunta e deixamos que discutissem até chegar a um acordo. Depois de obter o resultado desejado, permitimos que eles definissem um valor sobre esse resultado. Quando os executivos do banco estimaram os benefícios em mais de 8 milhões de dólares por ano, começaram a reavaliar suas expectativas quanto à escala do projeto. Eles não precisavam de um pequeno conselho e sim de apoio substancial para estimular um aumento considerável do lucro. Com sucesso, eles se venderam a um compromisso maior.

Esquematização da solução

Com benefícios claros acordados, é possível começar a discutir como alcançá-los.

Você terá uma solução preferida: esse é o seu resultado desejado. Mas seja flexível. Tenha planos A, B e C. É preciso evitar a discussão sem ganho mútuo, em que você insiste no seu argumento e a outra parte demonstra por que não funcionará. Ofereça uma alternativa e, com ela, mude os termos do debate: não diga mais "meu caminho ou nenhum caminho". Gere uma discussão de parceria, em que ambos encontrarão a melhor solução juntos. A versão mais simples disso é o ardil com três alternativas.

- *Alternativa A.* Muito grande e empolgante, mas você sabe que vai ser exagerada e muito arriscada.
- *Alternativa B.* Essa é alternativa que você prefere.
- *Alternativa C.* Baixo risco, pouco esforço, mas realmente não leva a lugar algum.

Deixe a outra pessoa falar, em termos não vagos, por que A e C são alternativas inúteis. Permita que confirmem para si mesmas sua sabedoria, sua capacidade de julgamento empresarial e sua superioridade. Em seguida, agradeça por elas o terem conduzido à alternativa B, que você quis desde o começo.

Em vez de apresentar nossa solução para o banco de Tóquio, deixamos que eles a descobrissem. Ao fazer isso, o cliente se apossou dela e acreditou nela de um modo que nunca teria acontecido se tivéssemos apresentado uma solução predefinida. Não foi uma conversa aleatória: foi estruturada e direcionada. Na reunião, pedimos para o cliente completar a lógica do projeto conosco. Essa lógica tinha quatro elementos.

1 *Resultados desejados (um ou dois objetivos-chave).* No caso deles, o crescimento sem gastos, embora mantendo ou melhorando a qualidade.

2 *Fatores fundamentais de sucesso.* Para alcançar os resultados, o que precisa estar em vigor (sistemas efetivos de TI, processos claros, habilidades renovadas, medidas e recompensas etc.)?
3 *Elaboração do projeto.* Onde devemos estar daqui a dois meses? Aqui eles elaboraram o início do projeto conosco.
4 O *que fazer para o projeto obter sucesso.* Esse foi nosso guia para gerenciar o processo e a política de tomada de decisão.

A essa altura, o cliente, além de ter concordado com a lógica do projeto, também tinha se comprometido emocionalmente com ele. Era o *seu* projeto, e não apenas um plano de consultoria.

Prevenção e solução de problemas importantes

Essa é a parte "sim, mas..." da conversa. As pessoas começam a falar coisas como "sim, mas você pensou em..." ou "eu concordo, mas o que você acha de...". Lembre-se de que tudo que é dito antes de "mas" não passa de conversa fiada. As pessoas estão apresentando suas ansiedades e preocupações. Há muitas maneiras de lidar com essas preocupações. A pior maneira é defender seu argumento: quanto mais inteligente você for, mais acuará a outra pessoa. Discussão gera mais discussão.

> Discussão gera mais discussão

Em geral, as objeções são três.

- *Preocupação construtiva.* As pessoas identificam um risco e tentam solucioná-lo com você. Seja sincero e apoiador, discuta opções e encontre a solução que funciona para todos.
- *Objeção defensiva.* As pessoas apresentam preocupações e não se envolvem em soluções. Você as perdeu. Não alimente a discussão, levando-os à submissão. Demonstre ter entendido as preocupações e as leve em conta. Reconfirme o passo 3: concorde com o problema e a oportunidade. E sugira outro momento, em que

vocês podem voltar a elaborar um modo de alcançar uma solução sensata. Isso dá uma vitória às pessoas e permite que elas, emocionalmente, acreditem tê-lo a seu lado. Ao reencontrá-las, você terá descoberto o suficiente para saber como remodelar e reapresentar a mesma ideia de modo mais palatável. E as pessoas estarão mais abertas a um acordo: ao vencer, elas não terão necessidade de continuar objetando. Se você não conseguir marcar outro encontro, ainda assim retorne ao passo 3 e reconstrua a partir dali. Deixe que elas cuidem da conversa.

- *Reação automática*. Às vezes, as pessoas objetam porque acham que têm essa obrigação. Se você levar essa objeção muito a sério, causará problemas a si mesmo. Não se importe com a objeção: expresse simpatia, graceje ou ofereça alguma distração; não se envolva em discussões. Um gerente de loja, por exemplo, objetou que um pedido de vinte caixas de pasta de dentes era exagerado. "Mas", eu disse, "há somente doze tubos em cada caixa, em relação a 48 barras de sabonete em uma caixa de sabonetes". Era um detalhe totalmente irrelevante, mas o comprador sentiu que tinha sido ouvido. E foi dada uma justificativa para ele dizer "sim" — o que, no momento devido, ele realmente disse.

Nessa parte da conversa, é mais fácil ser franco. Deixe as pessoas apresentarem suas preocupações. Corresponda e, em seguida, discuta abertamente, permitindo-lhes encontrar a solução. Nesse caso, o maior inimigo é a solução única. Se houver uma única solução possível, então você correrá o risco de uma discussão sem ganho mútuo: você sustenta a solução e as pessoas sustentam que ela não funcionará. É um jogo destrutivo. Apresente diversas possibilidades e tenha uma discussão de parceria, em que as partes estarão trabalhando juntas para encontrar a melhor solução (ou a menos pior).

No caso do banco de Tóquio, isso foi simples. As objeções que eles tinham não se referiam ao nosso projeto. Suas preocupações diziam respeito a alcançar os objetivos que eles mesmos tinham estabelecido. Cada preocupação que apresentavam tornava-se mais uma para o projeto solucionar. Ou seja, eles criaram um projeto cada vez maior para nós.

Encerramento e acompanhamento

Nunca assuma que você chegou a um acordo. Os administradores, em sua maioria, não são bons em telepatia. Não saberão exatamente o que você quer. Muitas pessoas caem nesse obstáculo final. Recentemente, fui chamado por um ministro do governo. Preparei-me e tudo caminhou bem. No entanto, concentrei-me tanto em chegar ao final da reunião que me esqueci do mais importante: o encerramento e as etapas seguintes. Os ministros não têm tempo para desperdiçar tentando descobrir o que o outro pensa ou espera. Você deve perguntar e ser claro a respeito do que quer. Não transforme sua oportunidade de ouro em ouro de tolo.

> A maioria dos administradores não é boa em telepatia

Confirme seu acordo. O que você pensa que aconteceu pode não ser o mesmo que o outro pensa que aconteceu. Há quatro maneiras de encerrar a conversa. Nos três primeiros casos, obtém-se a confirmação positiva de que todos entenderam o que acordaram:

- *Encerramento direto.* "Então, você gostaria de comprar o carro?" Muito claro, mas arriscado: você atrai a resposta "não". Nesse caso, terá de começar de novo.
- *Encerramento alternativo.* "Você gostaria de comprar o carro prateado ou o azul?" Esse é um encerramento furtivo. Aparentemente, você está oferecendo uma alternativa e ela não inclui a do "não". Muitas pessoas acham difícil resistir a esse encerramento.
- *Encerramento com ação.* "Aqui estão as chaves. Vou preparar a documentação e, assim que você assinar, pode sair dirigindo." Esse encerramento tem um impulso construído, muito claro, ao qual é difícil resistir.
- *Encerramento assumido (confirmação).* "Então estamos todos de acordo que compraremos uma frota de utilitários cor-de-rosa com

listras amarelas." Esse é o tipo de encerramento utilizado pelos presidentes no final das reuniões para resumir a discussão. A pessoa tem de ser muito corajosa para desafiar esse encerramento. No entanto, como carece de confirmação positiva das outras pessoas, há o perigo de esse acordo ser desfeito depois, a portas fechadas.

Depois de chegar a um acordo, acompanhe sua execução. Rápido. Quanto mais você demorar, mais o acordo esfriará e o ato de pensar duas vezes começará a vir à tona. Se possível, torne-o público, porque então as pessoas acharão difícil recuar. Envie um *e-mail* agradecendo-lhes a contribuição e confirmando os próximos passos. Copie a mensagem para outras pessoas, relevantes e interessadas. De modo ideal, dê às duas partes um próximo passo e demonstre profissionalismo acompanhando sua execução. Ao pedir um próximo passo da outra parte, você reforça o acordo mútuo e o compromisso.

No momento em que atingimos esse estágio, o banco de Tóquio estava pronto para realizar o encerramento por nós. Um dos executivos perguntou:

— Será que planejamos o projeto para vocês?

— Sim — respondi. — Você gosta?

— É claro! — disse o cliente.

Os representantes do banco tinham feito a venda por nós. Haviam elaborado o projeto e, assim, eram donos dele e estavam comprometidos com ele. Então, concordamos rapidamente com os próximos passos, para seguir adiante. Tão logo voltamos ao escritório, não celebramos. Fizemos uma reunião de consolidação e de acompanhamento dos nossos compromissos. Em seguida, celebramos.

Resumo

A estrutura invisível subjacente à conversa persuasiva apresenta sete passos simples:

1 preparação;
2 alinhamento;
3 concordância com o problema ou a oportunidade;
4 análise de benefícios e resultados;
5 esquematização das soluções;
6 prevenção e solução de problemas;
7 encerramento.

Aplique essa estrutura de modo consistente e as discussões litigiosas vão se tornar cooperativas, os resultados negativos serão transformados em positivos e os acordos passivos terão se tornado apoio ativo.

A conversa persuasiva, como a maior parte das habilidades envolvendo influência, é mais efetiva quando invisível. As pessoas não devem sentir que estão sendo persuadidas ou influenciadas. Oriente-as sutilmente na direção correta. Permita que elas descubram a resposta certa. Se isso for bem feito, elas acharão que a ideia é delas. Irão se comprometer de boa vontade, ainda que a persuasão ativa muitas vezes leve a não mais do que um acordo passivo e relutante. Os influenciadores vão além disso para construir um apoio ativo e duradouro.

CAPÍTULO 13

Conclusões: a mentalidade e os mitos da influência

A influência é como o ar: invisível e essencial. À medida que o mundo se move das tradicionais hierarquias de comando e controle para redes que dependem umas das outras, a influência torna-se cada vez mais importante. Como é invisível, é tanto ignorada como incompreendida. Isso representa uma oportunidade maravilhosa para as poucas pessoas que compreendem a influência e a adquirem. Elas estão competindo em posição vantajosa. E os influenciadores aprendem a converter a oposição em apoio.

> A influência é como o ar: invisível e essencial

É muito simplista reduzir a influência a três dicas úteis ou a uma fórmula mágica instantânea para o sucesso. O aprendizado da influência, como o de um esporte ou de um instrumento musical, demanda tempo e esforço. No entanto, para começar a jornada rumo à influência, ter alguns princípios ajuda. O mapa de alto nível da jornada rumo à influência apresenta três partes:

- a mentalidade da influência, ou como os influenciadores pensam e agem;
- aprendendo a arte da influência;
- os mitos da influência, ou as armadilhas a evitar na jornada.

A mentalidade da influência

A influência é invisível porque opera no nível do pensamento. Os pensamentos condicionam o comportamento, que, por sua vez, condicionam as ações e os resultados. Podemos observar os resultados alcançados pelas pessoas que influenciam, mas ainda não sabemos o que torna essas pessoas influentes. Assim como não podemos entender uma pessoa se observarmos sua sombra, tampouco entendemos a influência observando seu efeito. Precisamos olhar para as causas da influência e não para seus sintomas.

Mais de sessenta habilidades e princípios da influência são esboçados neste livro. Subjacentes a essas habilidades, quatro modos de pensar separam os influenciadores efetivos de nós. Pensar como um deles é o primeiro e mais importante passo para entrar para o clube. Podemos utilizar e adaptar esses quatro princípios para combinar com nosso estilo. Não precisamos vender nossa alma ou clonar nosso cérebro para nos tornarmos influentes. Não precisamos virar outra pessoa. Simplesmente precisamos construir sobre o melhor do que já somos.

Os quatro caminhos do pensamento que influencia são:

1 seja ambicioso;
2 coloque-se no lugar dos outros;
3 crie o compromisso;
4 comece do fim.

Seja ambicioso

A falta de ambição é a receita para uma vida pacata nas águas paradas da ausência de realizações. Muitas pessoas colocam a maior barreira para o sucesso em suas cabeças. Elas aceitam baixas expectativas, que são sempre autorrealizáveis. As pessoas ambiciosas possuem altas expectativas, em relação a si mesmas e aos outros.

> O mundo nunca foi transformado por gente sem ambição

Elas buscam as estrelas. Se falharem e só alcançarem a Lua, chegarão muito mais longe do que os demais, cujas expectativas não vão além das férias na praia do próximo ano. O mundo nunca foi transformado por gente sem ambição. Os ambiciosos não se satisfazem com o *status quo*. Querem mudar o já estabelecido e fazer as coisas acontecer.

A ambição que permanece no registro do "eu... eu... eu" não é influente. Gera conflitos e não consegue forjar redes de confiança e apoio. A ambição do registro "nós... nós... nós" é influente. Desenvolve pessoas e equipes, forja compromissos e camaradagem. A mentalidade da ambição é positiva e focada na oportunidade.

As pessoas ambiciosas que influenciam podem causar incômodo no trabalho. Podem agir, manter o foco e ter intensidade de um modo que os menos influentes consideram ameaçador. Muitas vezes, aparentam ser irracionais: desafiam os outros e pedem para que façam mais do que consideram possível. As pessoas desafiadas podem forjar relacionamentos em vez de destruí-los. Quando desafiadas, elas crescem, desenvolvem-se e sentem orgulho do que alcançaram. Isso forja lealdade e leva os indivíduos a superar as próprias expectativas.

O desafio é ineficaz quando leva ao estresse, mas não à pressão. A grande linha divisória entre estresse e pressão é o controle: as pessoas sob pressão, que ainda dispõem de controle sobre seu destino, podem apresentar um desempenho muito bom. As pessoas sob pressão que não dispõem de controle sobre os eventos rapidamente manifestam estresse e esgotamento.

Coloque-se no lugar dos outros

Todos nós achamos que somos o centro do universo. Os influenciadores também podem pensar assim, mas nem sempre demonstram. Trabalham duro para ver o mundo através dos olhos de cada pessoa que desejam influenciar. Estão sempre formulando perguntas difíceis para si mesmos:

- Por que essa pessoa quer falar comigo?
- Por que deve querer me seguir ou me apoiar?
- O que ela quer, o que não quer; como posso usar isso em meu benefício?
- Como descobrir mais a respeito dessa pessoa?
- Que outras alternativas ela tem e por que deve preferir meu jeito?

Colocar-se no lugar do outro não consiste em ser agradável em relação a ele nem em concordar com o que diz. Consiste em entendê-lo. Assim que entendemos alguém, podemos começar a tocar a música desse alguém.

A habilidade básica para se colocar no lugar do outro é muito simples: ouvir ativamente. Os bons influenciadores possuem dois ouvidos e uma boca e os utilizam nessa proporção. Só podemos entender as pessoas se as ouvirmos. Como a maioria gosta de falar a respeito do seu assunto preferido — elas mesmas —, o simples ato de ouvir cria afinidade e, ao mesmo tempo, desenvolve o conhecimento que temos da pessoa que queremos influenciar.

A escuta ajuda a separar a influência da persuasão. Frequentemente, o persuasor tem a habilidade da conversa e pode persuadir alguém a comprar ou a fazer algo. Os influenciadores apostam muito mais alto do que os persuasores. Onde os persuasores conquistam um compromisso isolado, os influenciadores forjam um compromisso duradouro. A influência é um compromisso oneroso de tempo e esforço, que paga dividendos muito bons durante um período muito longo.

> Os influenciadores apostam muito mais alto do que os persuasores

Crie o compromisso

A mentalidade do compromisso, e não a mentalidade do controle, é fundamental para o mundo da influência. A mentalidade do controle gosta da hierarquia: o poder resulta do cargo. Isso a torna muito limitada, impedindo-a de ir além das barreiras da hierarquia para fazer as coisas acontecer. A mentalidade de controle é ativada pela organização, mas também é limitada por ela. Considera que o compromisso é uma via de mão única: qualquer pessoa em um nível inferior da organização deve demonstrar compromisso com pessoas em um nível superior. O trabalho em equipe, para um gerente controlador, significa "meu caminho ou nenhum caminho". Quem não obedecer será considerado um mau participante da equipe.

A mentalidade do compromisso não é limitada pela hierarquia ou pelas limitações formais do poder. A mentalidade do compromisso desenvolve uma rede de alianças informais, permitindo que o influenciador alcance coisas muito além dos sonhos da mentalidade de controle. O compromisso é uma via de mão dupla baseada em obrigações mútuas. Forjar o compromisso demanda tempo e habilidade. Essas habilidades moldam o cerne da influência, descrito neste livro. A confiança está na base de todo processo de compromisso: os influenciadores devem merecer confiança para obter êxito. A equação da confiança é uma forma abreviada para descobrir o quanto cada relação é forte e para saber o que precisa ser feito para fortalecê-la. Para registro, a equação de confiança é:

$$T = (V \times C)/(R \times D)$$

Em linguagem simples: a confiança é construída compartilhando valores similares (V) e forjando credibilidade (C), que resulta do cumprimento das promessas. O risco é destruído pela distância (D): quanto maior a distância entre o que você diz e faz, entre os meus valores e os seus, menor a confiança. Também é limitado pelo risco (R): quanto maior o risco, mais confiança é requerida. No entanto, o risco é relativo: demonstre que sua ideia arriscada é menos arriscada do que fazer nada, e então ela parecerá mais atraente.

Há um limite difícil para a mentalidade do compromisso. O influenciador pode ser generoso, confiável, comprometido e adap-

Conclusões: a mentalidade e os mitos da influência

tável no objetivo de forjar parcerias confiáveis. No entanto, sempre espera algo em troca, e estabelece essa expectativa desde o início da relação. A parceria significa dar e receber. Curvar-se aos desejos das outras pessoas é o caminho para a popularidade e para a fraqueza. Os influenciadores aprendem que a confiança e o respeito são moedas mais valiosas do que a popularidade.

> A confiança e o respeito são moedas mais valiosas do que a popularidade

Comece do fim

Há uma antiga narrativa a respeito de um viajante perdido na Irlanda. Ele pergunta a um morador local a respeito dos caminhos para Dublin e recebe a seguinte resposta: "Se eu estivesse indo para Dublin, não começaria daqui..." Estamos onde estamos e temos de tirar o máximo proveito disso. No entanto, a partir desse fato óbvio, resulta outro que avós e gurus repetem a intervalos regulares: "Faça primeiro a primeira coisa". Esse é um conselho catastrófico. Implica começar com o que temos e prosseguir daí.

Em vez de começarem com o que têm, as pessoas que influenciam começam pelo fim. Elaboram o objetivo desejado e, então, trabalham de trás para frente. Mapeiam a jornada desde o destino até o ponto de partida. Se começarmos de onde estamos, podemos chegar à conclusão de que nosso objetivo não será alcançável. Se começarmos do fim, a única pergunta que devemos formular será "como chegar ali?" em vez de "posso chegar ali?"

Começar do fim condiciona de modo consistente um comportamento diferente e mais efetivo. Enfoca o futuro em vez do passado, a ação em vez da análise e os resultados em vez do processo. Expõe-se nas perguntas formuladas em situações cotidianas comuns.

- *Crises*: "como avançar" em vez de "o que deu errado e quem eu posso culpar?"
- *Conflitos*: "o que estamos discutindo e será que vale a pena?" em vez de "como eu ganho?"

- *Reuniões*: "o que obteremos nessa reunião?" em vez de "qual é a agenda formal?"
- *Planejamento do projeto*: "qual é o nosso objetivo?" em vez de "qual é o processo e onde está a planilha de riscos?"
- *Apresentações*: "qual é a minha mensagem básica e para quem?" em vez de "podemos preparar outros cinquenta slides de PowerPoint, para o caso de alguém perguntar algo?"

Começar do fim requer firmeza a respeito dos objetivos, mas flexibilidade em relação aos meios. Essa flexibilidade facilita muito a adaptação com outras pessoas e a construção do compromisso. Aqueles que estão presos ao modo de pensar associado ao controle carecem dessa flexibilidade. Esperam que a conformidade com um processo produza o resultado certo. Utilizam sempre o mesmo mapa, independentemente da jornada. Por mais esforçadas na execução do processo, nunca progridem; simplesmente percorrem o mesmo percurso mais depressa. Começar do fim assegura que o influenciador escolherá um destino que vale a pena. Nem sempre eles percorrem o caminho do modo mais veloz, mas ao menos progridem.

Aprendendo a arte da influência

Todas as pessoas adquirem habilidades e hábitos que as ajudam a fazer as coisas acontecer e a ser produtivas. Reflita a respeito de como você adquiriu as habilidades e os hábitos que moldam seu jeito de trabalhar. Perguntei isso a milhares de executivos e lhes dei seis formas de aprendizado como alternativas. Pedi-lhes que escolhessem as duas fontes mais produtivas de aprendizado que ajudaram a moldar seu jeito de agir.

- Livros.
- Cursos.
- Chefes.

Conclusões: a mentalidade e os mitos da influência

- Colegas.
- Modelos inspiradores.
- Experiência.

Em geral, ninguém escolhe livros ou cursos, o que pode ser embaraçoso para alguém que escreve livros e ministra cursos. Mas essa é a realidade. Aprendemos principalmente com a experiência pessoal e da experiência daqueles que nos rodeiam. Em um nível emocional, é mais confiável do que qualquer teoria. Racionalmente, é mais relevante ao nosso ambiente imediato. No entanto, se é assim que aprendemos, então nosso aprendizado é uma caminhada aleatória. Se deparamos com experiências e modelos inspiradores satisfatórios, aprendemos boas lições. Se deparamos com experiências e modelos inspiradores insatisfatórios, aprendemos lições que nos levam ao pântano da prática inadequada.

Não é possível começar um livro na página um e nos tornar o líder, o futebolista ou o influenciador perfeito no momento que acabamos a última página. Esse não é o propósito deste livro. O propósito deste livro é eliminar alguma aleatoriedade da caminhada aleatória da experiência. Ao oferecer uma estrutura e uma nova perspectiva, um livro pode acelerar nosso aprendizado a partir da experiência, nos afastar das lições negativas e nos aproximar das lições mais positivas.

Ao aprender da experiência, podemos desenvolver nosso próprio estilo e nosso próprio modo de ser influentes. A influência não é uma receita que inclui todas as pessoas no mesmo tipo de bolo. Não procura transformar uma pessoa em outra pessoa. Oferece simplesmente a possibilidade de tirar o máximo do que você já é.

Ninguém pode esperar aprender todas as sessenta habilidades e princípios de imediato. Enfoque uma ou duas habilidades para começar. Pratique e experimente essas habilidades. Desenvolva-as em seu repertório pessoal e, então, siga adiante. Começar com a escuta ativa é simples, discreto e efetivo. No entanto, escolha o que funciona para você.

Este livro oferece-lhe um modelo para compreender a influência e adquiri-la. Bem utilizado, um modelo é como um andaime: ajuda a desenvolver talentos do modo como queremos. Utilizado de modo insatisfatório, um modelo é como uma prisão da qual não existe escapatória. A diferença está em como você escolhe interpretar o livro. Se o utilizar como uma fórmula obrigatória a ser seguida, os modelos tornam-se uma prisão. Utilize o livro como um guia de princípios, que você adapta a suas necessidades, e os modelos tornam-se andaimes para ajudá-lo a construir. A opção andaime x prisão é a que todos os livros e cursos oferecem.

Influência: um único pecado e quatro mitos

Os assuntos da influência e do poder estão envoltos em mistério e são muito incompreendidos. Embora sejam habilidades essenciais para fazer as coisas acontecer nas organizações, são muitas vezes considerados como tópicos um pouco turvos. Os administradores se sentem à vontade aprendendo coisas como contabilidade e marketing. No entanto, aprender acerca de influência e pode parecer tortuoso, desagregador e egoísta. Isso é lastimável, pois a influência e o poder são fundamentais para fazer as organizações funcionar.

Um pecado capital

A base da influência é a confiança. A maioria dos líderes perdoa a maioria dos pecados. Eles sabem que erros e desastres acontecem. Podem perdoar piadas idiotas, trajes inadequados e, ocasionalmente, julgamentos errados. A única coisa que a maioria dos chefes considera imperdoável é a quebra de confiança. Uma vez que um chefe não confia mais em um membro da equipe, o jogo acabou. Pode levar semanas ou meses, mas, no fim, o chefe e o membro da equipe se afastarão. Da mesma maneira, poucos membros desejam trabalhar com um chefe em quem não confiam, mesmo que gostem dele pessoalmente. Os pares têm uma opção em relação à pessoa

Conclusões: a mentalidade e os mitos da influência

com quem colaborar, e a confiança desempenha um papel fundamental nessa opção.

Sem a confiança torna-se muito difícil construir alianças, compromissos e apoio na empresa. Há muito mais em relação a ser um influenciador efetivo do que a confiança, mas a falta de confiança é assassina. A quebra de confiança não é só uma questão de solapar um colega ou um chefe, como também inclui pessoas falando mal pelas costas, quebrando promessas e compromissos, não sendo honestas ou enganando os outros, não dando apoio a um aliado ou ao chefe em um momento decisivo. Todas essas condutas são traições. Mesmo que você tenha agido de maneira tecnicamente correta, a sensação de traição permanecerá. A confiança quebrada é como vidro quebrado: é muito difícil remendar.

O mito de Maquiavel

A arte da influência e do poder não constitui uma política maquiavélica. Tramar contra os colegas, apunhalar as pessoas pelas costas e ser sorrateiro não são formas de ganhar poder e influência. A influência efetiva se baseia na confiança.

Há um elemento calculista em relação à influência: você tem de saber onde e quando investir tempo e esforço preciosos na construção das suas alianças. Há também um elemento implacável em relação à influência: saber quando agarrar o momento e assumir o controle de uma agenda. Esse tipo de cálculo e brutalidade é uma força benigna para o indivíduo e para a empresa. Todos se beneficiam quando você realiza os investimentos corretos e gerencia a agenda correta. Contudo, a influência não consiste em ser agradável, como veremos no mito da amizade.

O mito da amizade

A influência não consiste em ser amado e fazer amigos. A influência se baseia nas alianças de interesses comuns e de confiança.

No fim, uma aliança profissional pode se tornar uma amizade pessoal, mas o objetivo é criar uma aliança produtiva e não uma amizade pessoal. O mito da amizade é importante, pois é natural que as pessoas busquem popularidade. Isso simplesmente gera fraqueza, isto é, agrado indevido às demandas dos outros e dança conforme a música do dia. As relações associadas à influência se baseiam em parcerias e não em amizades. Os parceiros atuam como pares, isto é, trabalham segundo objetivos comuns e compartilham esperançosamente um entendimento comum de como as coisas devem funcionar.

O mito da moralidade

Algumas pessoas enxergam a influência como nociva e manipuladora. Querem que a influência tenha princípios morais e seja uma força para o bem. A influência não tem princípios morais. Não é moral nem imoral, mas amoral. É uma força para o bem ou para o mal, dependendo de quem a usa e para que fins. Em outras palavras, a influência é tão moral quanto o influenciador que utiliza as habilidades da influência. Com otimismo, usaremos a influência com uma força para o bem. Sabendo como ela funciona, resistiremos melhor à influência quando estiver em mãos erradas. Essa é sua alternativa.

> A influência não tem princípios morais

O mito da magia

Os influenciadores de sucesso parecem ter uma aura de magia. Todas as pessoas querem obter um pouco do seu pó mágico. Como o carisma, a influência é tratada como algo que você tem ou não tem. Como a influência efetiva é invisível para os outros, parece ser ainda mais mágica e misteriosa. A mensagem simples deste livro é que não há magia em relação à influência. Ou, se houver, este livro decifrou o feitiço. Em lugar da magia, há diversas habilidades, com-

Conclusões: a mentalidade e os mitos da influência

portamentos e mentalidades que todos os administradores podem adquirir para se tornar influentes. À medida que você constrói essas habilidades, lentamente domina a arte invisível da influência. Os colegas começarão a perguntar como você faz as coisas acontecer tão facilmente, como encontra as oportunidades certas, como converte crises em oportunidades e por que tantas pessoas o ajudam. Você decidirá se quer compartilhar o segredo da sua magia.

Agradecimentos

Uma das principais mensagens do livro é que só podemos ter êxito com e através das outras pessoas. Todos precisamos de uma rede de influência e apoio para fazer as coisas acontecer, incluindo escrever um livro. Este livro é fruto de uma grande variedade de influências e influenciadores, a quem sou profundamente grato.

Este livro se baseia intensamente na experiência de trabalhar na Ásia, na Europa e na América do Norte, em vários setores. Assim, minha primeira dívida de gratidão é com todas as organizações que toleraram minha presença, de anos a dias. Entre elas, incluem-se Accenture, AIG, AGM, Airbus, American Express, Apple Computers, Armstrong Industries, Aviva, BAT, Barclays Bank, Cap Gemini, Chase Group, Cisco, Citibank, Cognitas, Diatech, revista *First*, Future Leaders, Hallmark Cards, HBOS, HCA, HMRC (Inland Revenue), ICI, Lloyds Bank, LLUK, Merita Nordbanken, Merrill Lynch, MetLife, Mitsubishi Chemicals, Monsanto, National Commercial Bank, National Air Traffic Service, Natwest, Netfoods, Norwegian Dairy Association, People's Choice, Philip Reynolds, Philips, Procter & Gamble, RHM, Royal Sun Alliance, Sabic, San Miguel, SDP, Skype, Start Up, Swift, Symantec, Teach First, Teaching Leaders, Thorn Rental, UBS, Union Carbide, Zurich Financial Services.

A influência é, sobretudo, a respeito de indivíduos e não de instituições. Fui influenciado por diversas pessoas, que foram generosas com o recurso mais valioso de todos: o tempo.

Agradecimentos

Philip Kotler, da escola de negócios Kellogg, assim como James Kelly, este durante décadas, tanto deram apoio como fizeram críticas em etapas fundamentais, o que significou uma grande diferença. Jon Huggett, além de se apresentar como voluntário para realizar algumas pesquisas bibliográficas implausíveis, também representou um controle e equilíbrio intelectual firme para mim. Shani Ospina e Lauri Watkins, da Cognitas, são modelos inspiradores para o poder das mentalidades; Stephen Manbridge, da AGM, é um modelo inspirador para os três Es: energia, empolgação e entusiasmo, que todos os administradores podem aprender.

O livro não teria nascido sem um verdadeiro exército de apoio e influência. De volta nas brumas do tempo, Tony Johnson me estimulou a escrever: é tudo culpa sua, Tony. Na editora Pearson, tive a sorte de ter o apoio de uma equipe incrível. Richard Stagg me instigou a escrever este livro. Samantha Jackson personificou a paciência e o profissionalismo na edição. Caroline Jackson, Laura Blake, Daniel Culver e Lucy Blackmore levaram o livro ao mercado.

Finalmente, meus agradecimentos à minha família, que suportou resmungos e reclamações obsessivas enquanto eu escrevia: Gaie, Toby, Jane e Hiromi foram uma fonte constante de ajuda, apoio e influência.

Se, apesar dessa profusão de apoios, ainda existirem falhas neste livro, estas são exclusivamente minhas.

Assim Nasce um Líder
foi impresso pela gráfica Araguaia, para a Editora Lafonte Ltda.